| 추천사 |

 "웨인 코데이로 목사님에 대해서 처음 소개해 주신 분은 윌로우크릭 커뮤니티 교회의 빌 하이벨스 목사님이셨다. 온누리교회 리더십 축제의 강사를 추천해 달라고 부탁드렸더니 즉각 하와이에서 목회하는 웨인 코데이로 목사님을 소개해 주셨다. 그래서 CGNTV의 설교자로 그의 설교를 한국 교회에 소개하게 된 것이다. 한국은 물론 일본이나 중국에서도 인기가 좋다.
 그의 설교는 하와이 섬처럼 자연스럽고 부드럽고 복음에 대해서 부드럽다. 특별히 그의 문화 사역은 하와이 문화가 흠뻑 젖어 있다. 그가 목회하는 뉴 호프 크리스천 펠로우십은 젊은 사람들의 교회다. 젊고 도전적인 목회를 하고 있다. 바로 그것이 그의 리더십의 칼라다.
 이번에 그의 리더십에 관한 책이 나오게 되서 기쁘기 그지없다. 리더십을 재충전하라! 위기를 맞았을 때 좌절하지 말고 위기를 성장의 기회로 삼으라는 그의 충고는 우리의 목회 현실에 좋은 자극이 될 것을 확신한다."

_하용조 목사(온누리교회)

 쉼 없이 사명에 집중하여 전력투구하는 사역자들, 특별히 지도자의 소명을 받은 사람들이라면 누구나 한 번은 맞닥뜨리게 되는 심신의 탈진과 쇠약, 에너지의 고갈과 열정의 약화는 가장 피하고 싶은 사역의 모래톱이다. 부어지는 것 이상 쏟아붓다보니 연료 게이지는 바닥을 가리키고, 내미는 손들은 수없이 많은데 내밀어 줄 손엔 가진 것이 얼마 남아 있지 않다. 해는 이제 겨우 오전에 걸려 있는데 기운은 다 빠져 버리고, 엔진 RPM은 붉은 선을 넘어섰는데 기어를 바꿀 수도 없이 얼마 남지 않은 연료마저 소진되어 간다.
 그 당황스럽고 막막한 모래톱을 경험한 웨인 코데이로는 심신 쇠약을 극복한 과정과 그 후에 더 활력 넘치는 강한 사역자로 재충전된 회복의 기록을 통해 새로운 에너지원과 삶을 재조정할 수 있는 실제적인 방법들을 제시해 주고 있다. '제대로 수행할

경우 뇌를 지치게 하고, 마음을 긴장시키고, 활력을 고갈시키는 과업'이라고 불리는 목회 사역을 감당하고 있는 목회자들에게 이 책은 한줄기 바람처럼 시원한 활력을 가져다 줄 것이다.

_오정현 목사(사랑의교회)

"지도자라면 누구나 반드시 읽어야 할 책이다. 하나님은 그분의 나라를 위해 종종 더 열심히 일하라고 명령하시기보다 더 현명하게 일하라고 요구하신다. 우리는 웨인 코데이로와 같은 경험 있는 지도자를 통해 많은 교훈을 얻을 수 있다. 그는 이 책에서 지난 수십 년의 경험을 솔직하게 털어놓았다."

_빌 하이벨스(윌로우크릭 커뮤니티 교회 담임목사)

"나는 일찍이 심신 쇠약을 직접 경험했기 때문에 웨인의 말이 모두 사실이라고 자신 있게 말할 수 있다. 특히 그런 불 시련을 통해 영적 성장과 성숙이 이루어진다는 말에 기꺼이 공감을 표하지 않을 수 없다. 나는 특히 이제 막 사역을 시작한 젊은 목회자들과 기독교 지도자들이 이 책을 읽고 웨인의 현명한 조언을 따라주기를 바란다."

_아치볼드 하트(풀러 신학대학교 심리학대학원 원장)

"조만간 우리 모두 심신이 고갈된 상태로 리더십을 발휘해야 하는 지경에 이를 것이다. 그것은 감당하기 어려운 상황이다. 하지만 이 책에 담겨 있는 웨인의 지혜와 솔직함과 진정어린 조언에 깊은 관심을 기울인다면 그런 상황을 피할 수 있을 것이다. 웨인은 우리의 연료통이 고갈되지 않게 하는 방법은 물론 고갈된 상태에서 다시 충만하게 채울 수 있는 방법을 보여주고 있다. 목회 사역에 종사하는 사람이면 누구나 한 번쯤 이 책을 읽어야 할 필요가 있다."

_래리 오스번(캘리포니아 노스코스트 교회 담임목사)

고갈된 리더의 힘을 북돋는 진솔한 카운슬링

리더십을 재충전하라

생명의말씀사

LEADING ON EMPTY
by Wayne Cordeiro

Copyright ⓒ 2009 by Wayne Cordeiro
Originally published in English under the title
　Leading on Empty
　　by Bethany
　　a division of Baker Publishing Group
　　Grand Rapids, Michigan, 49516, U.S.A.
All rights reserved.

Korean Edition published by Word of Life Press, Seoul 2009
Translated and published by permission.
Printed in Korea.

리더십을
재충전 하라

ⓒ 생명의말씀사 2009

2009년 10월 30일 1판 1쇄 발행

펴 낸 이	김창영
펴 낸 곳	생명의말씀사
등　　록	1962. 1. 10. No.300-1962-1
주　　소	110-101 서울 종로구 송월동 32-43
전　　화	(02)738-6555(본사), (02)3159-7979(영업부)
팩　　스	(02)739-3824(본사), 080-022-8585(영업부)

기획편집	박혜주, 이은숙
디 자 인	임수경
제　　작	신기원, 오인선, 홍경민
마 케 팅	이지은, 박혜은, 선승희
영　　업	박재동, 김창덕, 김규태, 이성빈, 김덕현, 황성수
인　　쇄	영진문원
제　　본	정문바인텍

ISBN 978-89-04-07119-7 (03230)

저작권자의 허락없이 이 책의 일부 또는 전체를
무단 복제, 전재, 발췌하면 저작권법에 의해 처벌을 받습니다.

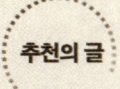

야심도 좋고 노력도 좋다. 여가, 휴식, 놀이도 다 좋다. 하지만 모두 한계가 있는 법이다. 내 경각심을 자극해 인간의 한계에 대해 많은 생각을 하게 만들었던 이야기가 있다.

일평생 하나님의 뜻을 받들며 다른 사람들을 섬긴 훌륭한 두 사람이 있었다. 나는 두 사람을 잘 알고 또 존경한다. 요즘 텔레비전 방송에서는 거짓과 속임수와 강탈을 일삼으며 온갖 나쁜 방법으로 규칙을 위반하는 악인들의 이야기를 쉽게 접할 수 있다. 하지만 내가 말하는 사람들은 모두 착하다. 내가 아는 사람들은 대부분 선량하다. 그들은 모두 목적 있는 삶을 살며, 인생의 마지막 순간까지 선하게 살려고 노력한다. 그들 두 사람도 마찬가지였다.

하지만 그들은 각자 자신의 한계를 넘어섰다. 두 사람 모두 한 교회를 책임지고 있는 담임목사다. 그들은 의사전달 능력이 탁월할 뿐 아니라 자신이 섬기는 사람들로부터 존경과 사랑을 받는다. 나이도 오십 대로 서로 비슷하고, 교회 규모도 각기 주일예배 출석인원이 2천 명을 웃돈다. 그래서 그들이 감당해야 할 일은 결코 녹록하지 않다. 무엇보다도 그들에게는 매주 설교를 준비해 많은 사람들에게 전달하고, 또 사람들로부터 집중적으로 시선을 받으며 행동해야 하는 어려움이 뒤따른다. 게다가 그들은 지도자로서 거대한 조직체를 이끄는 책임까지 져야 한다.

둘 중 한 사람은 미국 서쪽 끝에서 한 교회를 이끌고 있다. 그는 그 교회를 직접 개척했고, 저술가이자 리더십 세미나 강사로 널리 이름을 떨치고 있다. 얼마 전, 그가 심신이 극도로 쇠약해져 무척 애를 먹었다고 했다. 그는 마치 모든 것을 위선적으로 하는 듯한 심정이라고 토로했다.

"나의 내면이 바짝 말라붙은 느낌이 들었습니다. 내가 하는 일에 대한 열정이 모두 사라져 버렸어요. 그동안 열정적으로 해 오던 일이 단순히 직업 활동으로 전락했지요. 하루하루를 억지로 버텨 내는 상태였습니다. 위기의식이 느껴졌습니다. 친구 두어 명과 문제를 상의했고, 그들의 조언을 받아들여 전문가로부터 도움을 받았습니다. 의사는 심신 쇠약으로 진단하면서 활동을 일체 중단하고 6개월 정도 휴식을 취하라고 처방했습니다. 그만큼 증세가 심했습니다.

하지만 나는 '그럴 수 없습니다'라고 대답했지요. 그러고는 가톨릭 수도원에서 잠시 침묵의 시간을 보냈습니다. 비록 완전하지는 않았지만 최소한 나에게 무슨 일이 일어났는지 생각하고, 나의 활동량을 획기적으로 줄일 수 있는 마음을 갖게 하기에 충분한 시간이었습니다. 수도원에서 돌아와 나는 사역을 잘 감당하는 부교역자들에게 책임과 권한을 이양했습니다."

두 번째 목회자는 미국 동쪽에서 한 대형 교회를 이끌고 있다. 그 역시 심신이 쇠약해졌다는 것을 깨달았다. 그는 성격이 매우 꼼꼼할 뿐 아니라 다른 사람들에게 책임과 권한을 이양하기를 주저했다. 그는 대형 교회를 마치 작은 교구 교회처럼 이끌었고, 매주 설교 준비는 물론 목양 활동까지 혼자 도맡아 했다. 그는 세세한 문제까지 일일이 챙기는 관리자형이었다.

어느 순간부터 그는 육체의 통증을 느끼기 시작했는데, 진통제를 자주 복용하다 곧 중독 징후를 드러냈다. 나중에 알고 보니 직업이 의사인 교인들이 제각기 중독성이 있는 강력한 진통제를 처방해 준 것으로 드러났다. 그들은 다른 의사들이 자기와 똑같은 처방을 내렸다는 사실을 몰랐다. 그는 의사들의 처방을 받으며 아내에게까지 비밀을 지켜 달라고 당부했다. 그는 겉으로는 물 위에 가만히 떠 있는 것 같지만 실제로는 물속에서 쉴 새 없이 발을 놀리는 오리와 똑같았다.

교회 위원들은 무엇인가가 잘못되었다는 사실을 의식하고 부교역자 몇 사람을 더 초빙해 그를 돕게 해야겠다고 생각했다. 나중에 한 교회 위원은 이렇게 말했다. "잘못된 진단을 내리고 잘못된 방법으로 문제를 해결하려 했던 셈이죠. 하지만 우리가 어떻게 문제를 정확히 알 수가 있었겠어요?"

마침내 물밑 상황이 수면 위로 드러났고, 이 이야기는 지역 신문 1면에 게재되었다. 사람들은 충격에 휩싸였다. 그 목회자는 일시적으로 담임목사 활동을 중단하고 6개월 동안 사회 복귀 훈련 시설에서 치료를 받아야 했다.

첫 번째 목회자는 완전히 회복되어 사역 에너지를 비롯해 영혼의 활력과 열정을 모두 되찾았다. 그는 다른 목회자들과 자신의 문제를 상의했고 그들도 그런 상황에 처하지 않도록 주의를 당부했다. 그가 바로 웨인 코데이로다.

두 번째 목회자의 경우는 아직 최종 판단을 내리기가 좀 이르다. 물론 희망은 있다. 그는 자신의 관계를 회복하는 데 필요한 많은 과정을 나름대로 충실히 거쳐 온 지성인이다. 그의 교회 교인들은 여전히 그를 사랑하는 마음으로 염려한다. 하지만 아직 문제를 온전히 극복하지는 못했다.

나는 나에게 문학을 가르쳐 준 래리 앨럼스 박사와 이 문제를 논의했다. 그는 문학과 희곡 가운데는 소위 '비극적 결함'을 드러내는 것이 많다고 말했다. '비극적 결함'이란 등장인물들이 스스로에게나 다른 사람들에게 자신의 한계를 인정하지 않는 탓에 결국에는 파멸에 이르고 마는 성격적 결함을 의미한다.

셰익스피어의 작품에 따르면 율리우스 카이사르는 장군으로서는 훌륭했지만 정치인으로서는 매우 부족했다. 리어 왕은 자기도취에 빠져 판단력을 잃었으며, 물러나고 싶은 마음은 있었지만 그것을 너무 쉽게 생각해 자신의 운명과 왕국을 믿음직한 사람들에게 맡기는 일을 경홀히 했다. 지도자들의 비극적 결함이란 업무나 사역의 강도가 급격히 상승하는데도 다른 사람들에게 도움을 청하지 않거나 스스로의 한계를 인정하지 않는 것을 말한다.

이 책은 웨인 코데이로의 경험담이다. 그의 경험담은 지도자로서 일하는 사람들 모두에게 중요한 교훈을 제시한다. 지혜로운 사람이면 즉각 이 책을 환영할 테고, 다른 사람들도 결국은 관심을 기울이게 될 것이다.

심신이 쇠약해 가는 과정을 진솔하게 묘사한 이 책은 우리 모두에게 매우 유익하다. 리더십과 삶의 원리는 꼭 필요한 여행안내서와 같다. 물론 그런 원리들은 손쉬운 해답을 제시하지도 않고 만능의 원리로 작용하지도 않지만, 앞을 좀 더 멀리 내다볼 수 있는 혜안을 열어 준다. 그런 원리들을 알고 있으면 인생길을 가는 동안 움푹 들어간 구덩이에 빠지는 위험을 모면할 수도 있고, 아름다운 저녁노을을 감상할 수 있는 여유도 가질 수 있다.

아무쪼록 웨인 코데이로를 통해 심신 쇠약의 수렁에 빠지는 일을 사전에 예방할 수 있는 방법은 물론, 설혹 그곳에 빠졌더라도 다시 빠져나올 수 있는 방법을 배우기를 바란다. 코데이로는 직접 그런 수렁을 거쳤으며 나중에 그곳에서 빠져나왔을 때는 더 강한 사람으로 변해 있었다.[1]

_밥 버포드
리더십 네트워크 설립자, 『하프타임 Half Time』의 저자

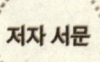

저자 서문

지도자로서 해야 하는 일이 귀찮고 힘들어질 때는 어떻게 해야 할까? 순풍이 멈춰 버린 상태, 곧 한때 축제처럼 재미있던 일이 힘들고 고된 노력을 요하는 일로 변해 버린 상태에서는 어떻게 물길을 헤쳐 나갈 수 있을까? 설렘과 기대가 땀과 수고로 변해 버렸다면 과연 어떻게 대처해야 할까?

내가 심신 쇠약을 극복했던 과정과 그 후에 새로운 삶을 찾아 나섰던 여정을 일어난 순서대로 이 책에 기록했다. 그래서 루이스의 《헤아려 본 슬픔 A Grief Observed》처럼 객관적인 예후(豫後)를 예견할 수 있는 논리는 갖추지 못했다. (심신 쇠약을 경험하는 동안에는 객관적이거나 논리적인 것은 그 무엇도 존재하지 않는다.)

심신 쇠약이라는 겨울을 지나는 동안, 내가 붙잡았던 유일한 희망의 끈은 내 삶에 이미 형성되어 있던 훈련 습관이었다. 해가 지고 짙은 어둠이 깔리면 항해사는 육지를 볼 수도 없고, 해안선을 바라보면서 현재 위치를 파악할 수도 없다. 그는 단지 미리 설치된 곳에서 희미한 불빛을 반짝이는 부표를 보며 배를 운전해야 한다.

마찬가지로 우리도 암울한 시기를 지날 때면 우리 영혼 안에 이미 확립되어 있는 것을 따라 앞으로 나가든지 멈추든지 결정해야 한다. 이 책은 항해를 위해 닻을 올리기 전의 지도자에게는 미리 구축해야 할 훈련 습관을 가르치고, 폭풍우와 맞서 싸우는 지도자에게는 심신의 유연성을 유지할 수 있는 실천 방법을 제시한다.

내가 삶의 여정을 거치는 동안 매일 쉬지 않았던 훈련 습관은 오전의 묵상이었다. 나는 아침 경건의 시간에 내가 깨달은 내용을 일기에 기록하면서 나아갈 방향과 새로운 확신을 얻었다. 나선형처럼 전개된 나의 일기에는 삶의 부침(浮沈), 정체와 진보, 실패와 승리의 경험이 순서대로 나열되어 있다. 나는 상황이 좋을 때나 암울할 때나 늘 일기를 기록했다. 아무 말도 할 수 없었던 때는 물론이고, 심지어는 하나님의 말씀이 전혀 들리지 않았던 때도 나는 기록을 멈추지 않았다.

이 책은 바로 그런 시절을 거치면서 서서히 형성되어 온 결과물이다. 이 책은 뚜렷하고 직선적인 진보를 다룬 사례 연구서가 아니다. 나는 이 책을 통해 내 문제를 솔직하게 고백했고, 또 햇볕이 잘 드는 대지와도 같은 감정의 건강을 되찾기까지 내가 경험했던 여러 가지 반대 감정을 있는 그대로 묘사했다. 비유하자면 이 책은 잘 걸러져 부드럽게 정제된 상태라기보다 생오렌지를 으깨어 짜낸 주스와 비슷하다. 그 안에는 덜 깨진 덩어리도 있고, 또 심지어는 씨앗도 몇 개 들어 있을 것이다.

물론 그렇다고 해서 이 책의 가치가 떨어지는 것은 아니다. 나는 오히려 그것이 이 책을 훨씬 더 건전하고 신뢰성 있게 만든다고 생각한다.

나와 가장 가까운 사람들의 도움이 없었다면 나는 지금의 상황에 이르지 못했을 것이다. 그 오랜 과도기를 거치는 동안 묵묵히 나를 지켜봐 준 사랑하는 아내와 가족들에게 고맙다는 말을 전하고 싶다. 아울러 흩어지기는커녕 오히려 똘똘 뭉친 새소망 교회 동역자들에게도 깊은 감사의 마음을 전한다.

성찰의 시간 LEADING ON EMPTY

각 장 마지막에 '성찰의 시간'을 마련했다. 그곳에 나와 대화를 나누었던 지도자들과 목회자들의 생생한 경험담을 소개했다. 그들은 모두 나름대로 삶의 비애와 절망과 심신 쇠약을 경험했으며, 믿음의 형제들을 위해 자신의 실패와 승리를 솔직하게 털어놓았다. '성찰의 시간'은 우리의 삶과 사역을 인도해 줄 지혜의 정수를 제공할 것이다.

CONTENTS

추천의 글   3
저자 서문   8
머리글   12

LEADING ON EMPTY **1_** 삶의 에너지가 바닥나다   16

LEADING ON EMPTY **2_** 실패에서 새로운 깨달음을 얻다   34

LEADING ON EMPTY **3_** 약한 데서 온전해지는 능력이 있다   48

LEADING ON EMPTY **4_** 초기 경고 신호에 귀를 기울이라   66

LEADING ON EMPTY **5_** 깊은 자아 성찰을 통해 성장하라   77

LEADING ON EMPTY **6_** 잔잔한 물가를 찾아서   100

LEADING ON EMPTY **7_** 세상을 보는 새로운 눈을 얻다   115

LEADING ON EMPTY **8_** 마침내 일곱 가지 교훈을 얻다   129

LEADING ON EMPTY **9_** 다시 하나님 품으로!   170

LEADING ON EMPTY **10_** 뜻을 세우고 뜻한 대로 살라   195

LEADING ON EMPTY **11_** 쉼이 더 큰일을 이룬다   217

맺는 말   242
각주   246
부록   247

머리글

우리는 우리 자신이 기독교인이라는 사실은 잊지 않지만 우리가 인간이라는 사실은 쉽게 망각하는 경향이 있다. 그런데 바로 이러한 경향은 우리가 지닌 미래의 잠재력을 무력화시킨다.

그 일은 아무 경고 없이, 초대받지 않은 손님처럼 불쑥 찾아왔다. 전에는 간단했던 결심들이 지금은 너무나 어렵게 변해 버렸다. 나도 모르는 사이 감정을 연루시켜야 할 일이면 무엇이든 애써 피하려고 하는 상태로 전락했다. 전에는 철옹성처럼 강했던 믿음이 한없이 무기력해졌다. 나는 행동을 요구하는 문제는 무엇이든 회피하기에 급급했다.

캘리포니아의 온화한 저녁이었다. 리더십 모임에서 강연을 하기에 앞서 잠시 가볍게 달릴 생각으로 밖으로 나갔다. 어떻게 해서 그곳에 도착했는지는 잘 기억나지 않지만, 아무튼 나는 인도 모서리에 걸터앉아서는 주체할 수 없이 눈물을 흘렸다. 눈물이 천천히, 아니면 갑자기 쏟아져 나왔는지도 잘 모르겠지만 내면에서 무엇인가 크게 잘못된 듯한 느낌이 들었던 것만은 확실하다. 나는 떨리는 손을 들고 '도대체 나에게 무슨 일이 일어나고 있는 것인가?' 라고 크게 소리쳤다.

한마디로 나는 심신이 완전히 고갈된 상태에서 지도자로 일하고 있었다.

 캘리포니아의 인도 모서리에서 일어난 사건은 3년에 걸친 방황기의 시작일 뿐이었다. 나는 그 기간에 극도의 심신 쇠약을 경험했다. 그때 일은 내 삶의 태도와 가치관과 목표에 영향을 미쳤을 뿐 아니라 심지어는 내 소명까지 재조정하도록 요구했다. 내가 당연시했던 것들이 모두 까다롭기 그지없는 시험을 통과해야 했다.

 교회를 위한 나의 비전은 쇠약해졌고, 다른 사람들을 섬기려는 뜨거운 열정은 점차 식어 갔다. 하루하루가 고통뿐이었지만 벗어나는 방법을 알지 못했다. 나의 쇠락을 부추기는 것은 무엇이나 내 안에서 승리의 함성을 내질렀다.

 내가 정신을 차려 조심했더라면 인도 모서리에서 한없이 무너져 내리기 전에 미리 여러 가지 징후를 감지하고 그것들을 엄밀히 살펴보았을 것이다. 하지만 무슨 이유에서인지 그런 징후를 모두 무시하는 잘못을 범했다. 그런 암울한 조짐이 나타나는 상황이 발생할 때면 흔히 '그런 일은 나에게 절대 일어나지 않아'라는 생각이 사고 능력을 마비시킨다.

 도처에서 여러 가지 징후가 발견되었지만 나는 모두 외면했다. 간단한 문제조차도 해결이 불가능했다. 감정 에너지를 필요로 하는 문제가 생길 때마다 도피처를 찾기에 바빴다. 믿음은 상처를 입고 무기력해졌다. 자신감이 넘치던 나의 태도는 한없이 애처롭게 변했고, 한때 생명의 강수와 같았던 영혼은 정체된 웅덩이로 바뀌었다.

도대체 그 쾌적한 저녁시간에 조깅을 하는 동안 무엇이 잘못된 것일까? 감정의 출혈이었을까? 그렇다면 그 출혈을 멈출 수 있는 방법은 무엇일까? 어디에서부터 치료를 시작해야 할지 도통 알 수가 없었다. 마음의 상처를 치유할 방법을 찾으려면 먼저 그 원인부터 알아야 했다.

하지만 내게는 그럴 여유가 없었다. 그날 그날의 일정이 내 삶을 규정했고, 내 마음에 있는 지휘자는 습관적인 리듬에 따라 움직였다. 나는 단지 내게 오랫동안 주어져 온 역할을 감당할 뿐이었다. 어떻게 해야 상황을 반전시킬 수 있을지 도무지 감이 잡히지 않았다. 그러한 상황에서는 성공에 이르는 길과 신경 쇠약에 이르는 길은 서로 아무 차이가 없었다.

그 후 몇 개월이 지나는 동안 나는 수시로 찾아오는 절망감과 힘겨운 싸움을 벌여야 했다. 몇 번이고 쓰러질 듯했지만 싸움은 계속되었다. 다행히도 의사와 너그러운 아내와 나를 염려하는 교회와 하나님의 능력과 지혜 덕분에 비록 값비싼 대가를 치렀지만 너무나도 소중한 삶의 교훈을 얻었다.

하나님에 대한 나의 사랑은 나를 배신하지 않았다. 나의 결혼생활은 안정적이었고, 목회 사역도 아무 문제가 없는 듯이 보였다. 하지만 나는 여전히 숨을 죽인 채 나에게 접근하는 맹수를 대적할 방법을 알지 못했다. 그 맹수는 때로는 뒤에서 느닷없이 덮쳐 오기도 했고, 또 때로는 목 근처에서 숨결을 느낄 수 있을 만큼 가까이 접근하기도 했다.

그쯤 되자 차라리 약을 먹고 죽고 싶다는 생각이 들 만큼 무서운 고통이 나를 에워쌌다. 돌이켜 생각해 보면 그때 스스로 목숨을 끊지 않은 것이 얼마나 다행인지 모른다.

물론 고난은 우리를 변화시킨다. 하지만 모든 고난이 반드시 더 나은 변화를 가져다주는 것은 아니다. 더 나은 변화를 가져올 것인가는 어디까지나 우리가 선택해야 할 몫이다. 나의 삶을 획기적으로 바꾼 것은 바로 그 선택이었다.

삶의 에너지가 바닥나다

"나는 나의 탄식으로 피곤하여 평안치 못하다"_렘 45:3.

　얼마 전에 전국에서 가장 유망하고 뛰어난 이머징 교회의 지도자들 이십여 명과 대화를 나눌 수 있는 기회가 있었다. 그 자리를 마련한 주최자는 밥 버포드가 '리더십 네트워크'라고 일컫는 단체였다. 모임 참석자들은 모두 40대였고, 3천 명이 넘는 출석교인을 거느린 교회 지도자들이었다. 그들 젊은 목회자에게 지혜로운 조언을 제공하겠다고 나선 노(老)강사는 노스코스트 교회의 래리 오스번과 나였다. 우리는 일방적인 강연보다는 서로 의견을 주고받으며 우리의 경험과 지혜를 공유하려고 노력했다.

　둘째 날, 모임 주최자는 젊은 지도자들에게 예상하지 못한 질문 하나를 던졌다. "가장 두려운 것이 무엇입니까?"

　참석자들은 차례로 돌아가며 대답했다. 그러는 동안 그들은 하나둘 눈물을 흘리기 시작했다. 몇몇 사람은 울음이 격해져 말을 채 잇지도 못했다. 한 목회자는 스트레스가 너무나 심해 결혼생활을 앞으로 얼마나 더 지속할 수 있을지 알 수 없다고 말했다. 그러던 중 한 목회자의 대답에 관심이 쏠렸다. "우리 아이들이 다 자란 뒤 나 때문에 하나님께 등을 돌리지 않기를 바랍니다."

그들에게는 이미 심신 쇠약의 징후가 나타나기 시작했던 것이다. 심신 쇠약의 첫 번째 징후가 나타나면 실제로 그런 일이 벌어지는 것은 시간문제다.

기저귀를 찬 어린아이를 돌봐야 하는 여성은 아이를 떠나 하와이에서 한가로이 휴식을 취할 수 없고, 스트레스가 많은 풋볼 팀 감독은 중요한 경기를 앞두고 집에서 자신이 좋아하는 시트콤을 시청하는 여유를 부릴 수 없다. 마찬가지로 성장하는 교회의 지도자도 사역을 중단하고 여행을 떠날 수는 없는 법이다.

담임목사로서의 내 삶은 주일 예배에서 시작해 주일 예배로 끝이 난다. 나는 이른바 '이미지 경영'에 많은 노력을 기울였지만 나의 내면에서는 시한폭탄이 서서히 폭발 시점을 향해 달리고 있었다.

목회자는 지도자의 역할을 감당하려는 열정이 모두 사그라진 상황에서도 교회를 이끌어 주기를 바라는 교인들의 기대감을 충족시켜야 한다. 교인들이 나를 사랑한다는 사실을 잘 알지만 끊임없이 그들의 기대감을 충족해 주려다 보면 결국 내가 아닌 나로 변해 도무지 헤어나오기 어려운 상황에 부딪치고 만다.

리더십이 고갈된 상황에서 어떻게 지도자의 역할을 감당할 것인가? 더 이상 '무대' 위에 올라서고 싶지 않은 상황에서 어떻게 사역을 지속

우리가 개인적으로 겪는 고난의 용광로 안에서 우리의 가장 고귀한 꿈이 탄생하고,
우리가 겪은 모든 고난을 보상해 줄 하나님의 위대한 선물이 만들어진다.
_윈틀리 핍스

할 수 있을 것인가?

심신 쇠약을 경험하고 있다면 우리에게는 좋은 동지들이 있다.

성경에 있는 삶의 인도자들

엘리야가 바로 그러한 상황에 직면했다. 열왕기상 18장에 그의 극적인 활동을 묘사하고 있다. 시골 출신 엘리야 선지자는 불꽃이 이글대는 눈빛으로 바알과 아세라를 섬기는 우상숭배자 850명과 정면 승부를 벌여 모조리 제압했다. 그들은 하나님을 섬기는 이스라엘 백성의 순수한 신앙을 왜곡시켰고, 엘리야는 그들과 맞서 싸워 우위를 차지했다.

하지만 바로 그 순간부터 이야기가 이상하게 전개된다. 과연 엘리야 선지자는 아합 왕과 시돈 출신의 사악한 여왕 이세벨이 사마리아의 국가 종교를 말살한 자신의 공로를 치하해 줄 거라 생각했던 것일까? 무슨 이유에서였는지 몰라도 그토록 침착했던 엘리야가 이세벨 여왕의 분노에 몸서리를 치며 그녀의 악에 바친 전갈에 잔뜩 겁을 집어먹고 말았다.

"내일 이맘때에는 정녕 네 생명으로 저 사람들 중 한 사람의 생명 같게 하리라 아니하면 신들이 내게 벌 위에 벌을 내림이 마땅하니라" 왕상 19:2.

엘리야는 공포에 질려 은밀한 피신처를 찾기 위해 광야로 도망쳤

> 하나님은 나에게 내가 감당할 수 없는 것은 아무것도 허락하지 않으실 것이다.
> 하나님이 나를 그토록 많이 신뢰하지 않으시기를 바란다.
> _마더 테레사

다. 그는 그곳에서 홀로 기진맥진한 상태가 되어 도망자의 신분으로 남은 인생을 살기보다 차라리 어서 죽기를 바랐다.

그는 "여호와여 넉넉하오니 지금 내 생명을 취하옵소서"왕상 19:4라고 기도했다.

모세도 고난을 받았다. 그가 광야에서 이스라엘 백성을 인도할 때 그들은 불평과 험담을 늘어놓았다. 호렙 산에서 하나님의 임재를 체험하고 애굽 왕 바로에 맞서 담대히 싸운 그였지만, 불평을 일삼는 백성 앞에서는 분노와 절망의 심정을 이기지 못하고 부르짖었다.

> "나 혼자서는 이 모든 백성을 질 수 없나이다 주께서 내게 이같이 행하실진대 구하옵나니 내게 은혜를 베푸사 즉시 나를 죽여 나로 나의 곤고함을 보지 않게 하옵소서"민 11:14-15.

"나를 즉시 죽여 주옵소서." 이것이 바로 깊은 절망에 빠진 사람의 외침이다. 곤고한 상황을 견디느니 차라리 죽기를 바라는 것이다.

성경에는 위와 같은 이야기들이 많다. 성경에는 우리가 아직 경험하지 못했던 어두운 계곡을 이미 지나온 사람들의 이야기가 매우 진솔하게 기록되어 있다. 그들은 인생 여정을 끝마칠 수 있는 길을 발견했고, 우리에게 자신의 뒤를 따라오라고 격려한다. 물론 우리에게 역경을 피할 수 있는 우회로를 가르쳐 주지는 않는다.

이들 믿음의 선배들은 이를테면 정찰병과 비슷하다. 그들은 우리

가장 확실한 것은 창조하고, 극복하고, 견디고, 개혁하고, 사랑하고,
우리가 당하는 고난을 뛰어넘으려는 의지와 능력이다.
_벤 오크리

앞에 놓인 길을 앞서 걸어간 우리에게 가야 할 길과 쉴 수 있는 공터를 보여 준다. 그들은 길을 가면서 표지판을 세우고 웅덩이를 조심하라고 경고한다. 뿐만 아니라 발을 잘못 디디면 목숨을 잃을 수도 있는 암벽에는 손으로 붙잡을 수 있는 걸쇠를 남겨 놓는다.

또한 그들은 올바른 대답을 제시해 그릇된 결론을 내리지 않도록 도와준다. 이들 삶의 인도자들을 임명하신 분은 바로 하나님이시다. 그들은 단 한 번만 발을 잘못 내디뎌도 우리의 미래가 바뀌고 남겨 줄 유산이 반동강이 날 수 있는 시련의 때를 잘 견디도록 도와준다.

엘리야, 모세와 더불어 예레미야와 다윗 역시 낯설고 위험한 지역을 통과할 수 있는 길을 우리에게 알려 준다. 그들은 이 가파르고 험난한 길을 어떻게 헤쳐 나가느냐에 우리의 미래가 달려 있다는 사실을 잘 안다. 그들의 뒤를 바짝 따라가야 안전한 통행을 보장받을 수 있다.

마침내 지쳐 쓰러지다

탁월하고 싶은 욕망이 지난 40년 동안 내 삶의 원동력이었다. 물론 성공에 대한 집착은 없었다. 단지 최선을 다하고 싶었을 뿐이다. 하지만 개척자가 된다는 것은 곧 새로 시작하는 것마다 끊임없이 유지와 보수를 필요로 한다는 사실을 의식하지 못한 채 전력을 다해 질주했다.

영감 있는 비전을 시작할 수 있는 것은 뛰어난 재능이다.

하지만 그것을 계속 유지하지 못하면 우리에게 반기를
들게 되고, 곧 비전의 탐욕스런 식욕이 우리를 집어삼킨다.

나는 교회를 개척했고 그곳 담임목사가 되었다. 또한 여러 교회를 개척하기 시작하면서부터는 개척 지도자로 부지런히 활동했다. 우리는 백여 개에 달하는 교회를 개척했다. 자녀를 낳으면 그들을 돌봐야 할 책임이 뒤따르는 법이다. 게다가 새로운 지도자들을 길러 내고 싶은 욕망 때문에 갓 조직된 퍼시픽 림 바이블 칼리지의 학장까지 떠맡았다.

나는 내가 하는 일을 모두 좋아했지만 얼마 지나지 않아 호랑이 꼬리를 잡은 신세로 전락했다. 놓고 싶어도 놓을 수가 없었다. 영감 있는 비전을 시작할 수 있는 것은 뛰어난 재능이다. 하지만 그것을 계속 유지하지 못하면 우리에게 반기를 들게 되고, 곧 비전의 탐욕스런 식욕이 우리를 집어삼킨다.

우리 교회는 개척 12년 만에 출석 교인이 14,000명을 웃도는 대형교회로 성장했다. 또한 나는 그동안 모두 여덟 권의 책을 집필했고, 내가 개발한 〈라이프저널〉을 우리와 협력 관계를 맺은 여러 교회에 발송하기 위해 선적 담당부서까지 설치했다. 그 결과 나는 교회를 인도하는 일보다 운영하는 일에 더 치중하게 되었다. 결국 곡예를 하듯이 돌리는 접시 가운데 절반은 땅에 떨어져 산산조각이 나기 시작했다.

그러던 중 아버지가 세상을 떠났고, 아내 역시 2년 만에 부모와 사별했다. 가정에서는 막내딸아이가 적잖이 문제를 일으켰고, 사역을 함께 시작했던 친구가 다른 곳으로 일터를 옮기는 것을 지켜봐야 했다. 그 무렵, 나는 마치 혼자 급류에 휩쓸려 내려가는 듯한 느낌이 들었다.

> "하나님이여 나를 구원하소서 물들이 내 영혼까지 흘러 들어왔나이다 내가 설 곳이 없는 깊은 수렁에 빠지며 깊은 물에 들어가니 큰 물이 내게 넘치나이다" 시 69:1-2.

달갑지 않은 징후들이 서서히 수면 위로 떠올랐다. 사역은 더욱 힘들어졌다. 일상 업무는 끝이 없는 듯했고, 이메일은 차곡차곡 쌓여 갔다. 내가 끔찍이 사랑했던 사람들이 마주치고 싶지 않은 존재들로 변했고, 새로운 비전을 생각하고 싶은 열정이 더 이상 솟구치지 않았다.

나의 소명과 은사를 한 번도 의심해 본 적이 없지만 전에는 즐거웠던 것이 이제는 나를 무섭게 짓눌렀다. 하지만 어디에서부터 손을 써야 할지 감이 잡히지 않았다. 심지어 아주 작은 결정을 내리는 일조차도 몹시 힘이 들었다. 나의 창의력은 바닥을 드러냈고, 새로운 방법보다는 모방이 훨씬 쉽게 느껴졌다. 한때 나를 고무하고 격려하던 일들로부터 점점 더 멀리 뒷걸음질치고 있었다.

마침내 캘리포니아의 온화한 저녁에 조깅을 하러 밖에 나갔을 때 문제가 터지고 말았다. 인도를 따라 달린 지 1분도 채 못 돼 나는 인도 모서리에 걸터앉아 울기 시작했다. 도무지 눈물이 멈추지 않았다. 도대

> 걱정 근심은 무익한 생각들이 공포를 축으로 삼아 어지럽게 난무하는 데서 생겨난다.
> _ 코리 텐 붐

체 나에게 무슨 일이 일어나고 있는지조차 알 길이 없었다.

그날 밤, 간신히 강연 약속을 지키고 만신창이가 된 심정으로 하와이로 돌아왔다. 집에 돌아온 후 내 상황은 더욱더 나빠졌다. 불규칙한 심장 박동, 호흡 곤란, 불면증과 같은 신체 증상이 나타났다.

새로운 두려움이 일어나기 시작했다. 불현듯 아버지가 심장 질환과 고혈압으로 유명을 달리했던 일이 떠오르며 그와 똑같은 운명을 당할지도 모른다는 생각이 들었다. 그런 질환이 나에게 유전적으로 대물림될 수도 있다는 불안감이 엄습했다.

최악의 상황을 걱정하며 심장 전문의를 찾아갔다. 그는 심전도, 스트레스 검사, 초음파 심장 진단 등 혈관 촬영을 제외한 모든 검사를 했다. 내 생각은 은퇴한 뒤에 살아갈 돈이 충분한지에 온통 집중되었다. 당시 불과 쉰둘이었지만 이미 나의 비행기를 격납고 안으로 밀어 넣을 생각을 하고 있었다.

과거 30년 동안 나는 기독교 사역에 삶 전체를 바쳤다. 그 가운데 20년을 하와이에서 담임목사로 일했다. 잠시도 중단하지 않고 사역에 사역을 거듭하면서 더 많은 책임과 의무를 떠맡아 온 것이다. 하지만 과연 그런 식으로 사역을 계속할 수 있을지 확신이 서지 않았다.

문제를 깨닫다

그로부터 몇 달 뒤, 신학교에서 초청 강사 신분으로 학생들을 교육했다. 그때 캐나다 출신 한 목회자와 이런저런

대화를 나눌 기회가 있었다. 대화는 목회자들과 지도자들의 활동 수명이 짧아지고 있다는 주제에서부터 출발했다. 지도자의 소명을 받은 사람들은 모든 것을 다 내어주는 일을 하다 보니 결국 피로에 지쳐 쓰러질 수밖에 없다는 것이었다.

그는 이렇게 말했다. "저도 그런 경험이 있었습니다. 사역을 중단할 생각이었죠. 하지만 막 그런 생각을 할 무렵 참으로 은혜롭게도 전액 장학금을 주어 이 과정에 등록할 수 있게 도와주겠다는 제안을 받았습니다. 내 생명을 구해 준 것이나 다름없는 제안이었죠. 만일 그런 일이 없었더라면 사역을 포기하든지 아니면 파괴하든지 둘 중 하나를 결정해야 할 상황에 직면했을 것입니다."

지도자의 소명을 받은 사람들은 모든 것을 다 내어주는 일을 하다 보니 결국 피로에 지쳐 쓰러질 수밖에 없다.

그런 다음 그는 지나가는 말투로 중얼거렸다. "성장하는 교회를 이끄는 목회자들은 약 20년이 지난 후에는 안식년이 필요하다는 사실을 깨달았습니다. 왜냐하면 그들도 나처럼 그 무렵이면 세로토닌이 완전히 고갈될 테니까요."

대화를 마치고 발길을 돌리는 순간 하나님이 우리가 대화할 기회를 마련해 주셨다는 생각이 들었던 것이다. 캐나다에서 온 그 목회자가 마치 나의 이메일을 읽어 본 듯한 생각이 들었다. 하지만 학습은 거기

> 아드레날린의 각성 작용은 자동차 엔진 속도를 최고로 올려
> 전속력으로 질주하게 하는 것에 비교할 수 있다.
> _아치볼드 하트, 〈아드레날린과 스트레스의 상관관계〉

서 끝나지 않고 다른 장소에서 또다시 시작되었다.

그로부터 2주 후 나는 또다시 초청 강사 자격으로 로스앤젤레스에서 열린 리더십 모임에 참석했다. 한 차례 강연을 마친 후, 인근 교회에서 목회를 하는 오랜 친구를 만났다. 몇 년 동안 서로 연락하지 못했던 터라 그를 만나니 참으로 기쁘기 그지없었다. 대화 도중에 별다른 생각 없이 목회 사역은 잘 되느냐고 물었다. 그런데 돌아온 그의 대답에 깜짝 놀라고 말았다.

"웨인, 나는 사역을 그만두었다네." 그러면서 앞으로 어떤 일을 해야 할지 마음을 결정하지 못했다고 덧붙였다. 다만 그가 확실하게 아는 것은 목회 사역을 그만두어야 한다는 것이었다. 그의 말에 따르면 지난 2년 동안 심신 쇠약으로 모든 의욕을 잃어 더 이상 정상 활동이 불가능했다고 한다. 그는 자신의 건강과 교회의 유익을 위해 목사직을 사임하는 것이 최선의 길이라고 결론지었다.

"목회 사역을 얼마나 했지?" 내가 물었다.

"20년이 조금 넘지."

또다시 '20년'이라는 말을 들었다. 그제서야 비로소 내 문제의 실마리를 의식하기 시작했다. 그리스도께서 육안으로 볼 수 있는 형태로 나타나신 모습을 본 적은 없었지만 친구와의 만남은 그런 경험 못지않았다.

하와이에 돌아온 후 즉시 기독교 심리학자 한 사람에게 상담을 요청했다. 그와 상담하면서 내 예상이 사실이었다는 것을 확인했다. 그는

이렇게 말했다. "목사님의 신체 기능이 완전히 고갈된 상태입니다. 세로토닌 수치가 바닥을 쳤다는 말이지요."

듣기만 해서는 이해하기 어려운 말이었다. 그의 설명이 이어졌다.

"세로토닌은 엔도르핀과 같은 화학물질입니다. 기분을 좋게 유지해 주는 물질이죠. 휴식을 취하는 동안에 충전되었다가 일을 할 때 의욕을 부추기는 기능을 하죠. 하지만 재충전을 하지 않고 계속해서 일만 하는 경우에는 축적된 세로토닌이 바닥나고 맙니다. 그런 경우 우리의 육체는 그 공백을 채우기 위해 어쩔 수 없이 세로토닌을 아드레날린으로 대체하지요.

문제는 아드레날린이 긴급 상황에서만 사용되는 물질이라는 데 있습니다. 말하자면 문을 열면 소리를 내는 종을 매단 상점의 문과 같은 역할을 하죠. 하지만 문제는 긴급한 상황에서만 사용하도록 되어 있는 이 물질이 아무런 경고음도 울리지 않는다는 데 있습니다. 최소한 처음에는 아무 증상도 나타나지 않아요.

아드레날린을 계속 의존하다 보면 신체 곳곳에서 문제가 발생합니다. 겉으로는 멀쩡해 보여도 내면에서는 이미 심신 쇠약 증세가 나타나기 시작하죠. 아드레날린은 처음에는 신체 엔진을 가동하는 데 도움을 줄 수 있지만, 시간이 지나면서 역효과를 드러내 결국에는 우리를 파괴해 버립니다."

"박사님, 그러면 제가 어떻게 하면 좋겠습니까?"

끝까지 강건할 수 있는 유일한 방법은 신체 기능을
재충전하는 것이죠. 그렇지 않으면 결국 파멸뿐입니다.

그의 설명이 계속되었다. "휴식과 일의 리듬을 지켜 세로토닌을 재충전하지 않으면 결국에는 고갈될 수밖에 없습니다. 그런 현상은 모든 사람에게 다 발생할 수 있지만 지도자들을 비롯해 과도한 기대를 받으며 사는 사람들에게서 특히 잘 발생합니다. 그런 현상이 나타나면 매사에 의욕이 사라지고 마음이 우울해질 뿐 아니라, 불안이 고조되고 우유부단해집니다. 또 혼자 있고 싶은 생각이 절실해지죠. 하지만 그것은 죄도 아니고, 또 비정상도 아닙니다. 단지 사역을 잠시 중단하고 휴식을 취하면서 세로토닌 수치를 정상으로 회복시키는 것이 필요할 뿐입니다."

어떻게 그 많은 사역을 다 내려놓는단 말인가! 결국 나는 다급한 목소리로 물었다. "이 모든 증상을 사라지게 만들 수 있는 약을 처방해 줄 수 있겠습니까?"

그러자 그는 나에게 평생 잊지 못할 말을 들려주었다. 그의 말은 그 후 3년 동안 나의 관심을 사로잡았다.

"할 수 있습니다. 하지만 그것은 문제의 실상을 단지 거짓으로 은폐하는 것에 지나지 않습니다. 필요한 것은 재충전입니다. 문제의 원인이 무엇인지 잘 생각해 보시고, 지금까지 살아오던 방식을 전면적으로 재조정해야 합니다."

"첫 번째 단계는 재충전입니다. 그 과정은 시간이 좀 걸립니다."

"어느 정도나 걸릴까요?"

"6개월에서 일 년 정도가 필요합니다."

"6개월에서 일 년이라고요? 그건 어렵습니다. 6주면 몰라도 6개월까지는 안 됩니다. 왜 그렇게 오랜 시간이 필요한 것인가요?"

"신체 기능을 재충전해야 합니다. 그리고 그 재충전은 물이 한 방울씩 떨어지듯 이루어집니다. 아주 미세한 전류량으로 조금씩 충전이 이루어지는 것이지요. 이 과정을 단축시킬 수 있는 방법은 없습니다. 이 과정을 올바로 거친다면 사역을 처음 시작했던 때와 같은 활력을 되찾을 수도 있습니다. 하지만 사실 심신 쇠약이 일단 발생하면 이전과 똑같은 활동 수준을 회복하기는 매우 어렵습니다. 일 년을 다 할애할 수 없더라도 최소한 할 수 있는 만큼 길게 시간을 잡으셔야 합니다. 시간이 길수록 좋습니다. 끝까지 강건할 수 있는 유일한 방법은 신체 기능을 재충전하는 것이죠. 그렇지 않으면 결국에는 파멸뿐입니다."

나는 파멸의 순간에 거의 도달한 상태였기 때문에 그의 말이 무슨 의미인지 곧 알아차렸다. 삶이 지금과 똑같은 속도로 더 이상 질주할 수 없음도 알았다. 삶의 방식을 재조정해야 했다. 나의 엔진 RPM은 이미 붉은 선을 넘어섰다. 하지만 나는 기어를 바꾸는 법을 알지 못했다.

고난의 파도에서 벗어나기

그 후 3년은 천국과 지옥을

> 슬픔은 누구에게나 찾아온다. …… 오직 세월 외에 완전한 위로는 불가능하다. 기분이 항상 더 좋아지리라고는 생각할 수 없지만, 다시 행복해질 수 있다는 확신은 얼마든지 가능하다.
> _에이브러햄 링컨

오가는 시간이었다. 찰스 디킨슨이 〈두 도시 이야기*A Tale of Two Cities*〉에서 말한 대로 그것은 "최고의 시간이자 최악의 시간이었다." 최악의 시간인 이유는 퇴보와 고통과 좌절과 부조화에 시달렸기 때문이다. 모든 것을 지탱해 보려고 애를 썼지만 그런 삶의 속도를 유지하다가는 결국 큰 대가를 치를 수밖에 없음을 잘 알았다.

한편, 그 시간은 또한 최고의 시간이기도 했다. 그때까지 살아오는 동안 그 어느 때보다도 나 자신에 대해 많이 알게 되었기 때문이다. 내가 인생 초기에 발전시켰던 습관들, 곧 자기 훈련, 일에 대한 지칠 줄 모르는 열정, 탁월해지고 싶은 욕구 등이 내면의 갈등을 적당히 은폐하며 고통을 느끼지 못하게 나를 마비시켰다는 사실을 비로소 알았다.

어떤 일이든 아마추어는 한 눈에 알아볼 수 있다. 하와이는 세계에서 아주 유명한 서핑 천국 가운데 하나다. 신출내기들은 파도의 리듬에 따라 춤을 추기보다 종종 숨을 헐떡이며 파도와 한판 씨름을 벌이기 일쑤다. 그들은 높이 이는 파도를 자연스레 즐기기보다 자기 힘으로 통제하려다가 결국 균형을 잃고 흰 거품 속에서 호흡을 유지하려고 안간힘을 쓴다. 그들은 그런 후에도 전처럼 또다시 파도와의 씨름을 되풀이한다.

하지만 숙련자의 특징 가운데 하나는
파도 타는 방식을 아느냐가 아니라
언제, 어떻게 파도에서 벗어나느냐를 아는 것이다.

자신의 결점을 인정할 수 있는 용기나 그것을 고치기에
충분한 열의를 지닌 사람은 극히 드물다.
_벤자민 프랭클린

반면에 서핑 숙련자는 바다의 흐름과 파도의 유형을 감지하는 능력이 남달리 뛰어나다. 그들은 어떤 파도를 타야 하고, 어떤 파도를 걸러 내야 하는지 직관적으로 안다. 다시 말해 그들은 멋진 서핑을 즐길 수 있는 파도와 물속에 곤두박질칠 수밖에 없는 파도를 한눈에 구별한다.

하지만 숙련자의 특징 가운데 하나는 파도 타는 방식을 아느냐가 아니라 언제, 어떻게 파도에서 벗어나느냐를 아는 것이다.

얼마 전에 나는 내가 좋아하는 다이아몬드 헤드라는 곳에서 카누로 서핑을 즐겼다. 나는 거대한 파도가 형성되는 것을 지켜보며 카누에 속도를 붙이기 위해 열심히 노를 저었다. 다행히 제 때에 원하는 장소에 도착했다. 산더미만 한 파도가 나와 카누를 공중으로 높이 띄웠다. 노 젓기를 중단했는데도 파도는 나와 카누를 빠르게 휘몰아 갔다. 머리카락이 공중에 흩날리고 거센 바람이 얼굴을 때렸다. 해안을 향해 카누를 조종하려 하지 않아도 저절로 아주 빠르게 나아갔다.

카누 밑바닥에서 엄청난 속도감이 느껴지는 동안 내가 최선의 선택을 한 것인지 궁금해졌다. 하지만 이것저것 생각하기에는 너무 늦었다. 나는 산처럼 솟아오른 파도 위를 평지처럼 미끄러져 내리는 동안 보드 위에서 두 발로 버티고 있는 다른 서퍼들을 바라보았다. 그들은 잔뜩 호기심 어린 눈초리로 나를 지켜보았다. 하지만 나의 새로운 모험에 동참할 생각이 있는 사람은 아무도 없었다. 그것은 좋은 징조가 아니었다.

파도는 계속 하늘을 향해 치솟았고, 나는 급기야 바다와 거의 수직각을 이루는 상태에 도달했다. 파도는 내 밑에서 계속해서 점점 더 기울고 있었다. 밑에서 산호층이 눈에 드러났다. 앞이 깜깜해지는 순간에 마지막으로 머릿속에 떠올랐던 것은 '어떻게 이 파도에서 빠져나가지?' 하는 생각이었다.

마침내 물 밖으로 솟구쳐 나와 숨을 돌린 나는 카누와 나를 붙잡아 매었던 밧줄이 무릎에서부터 잘려져 나간 것을 발견했다. 다행히 카누가 바닥에 충돌할 때 목숨은 건졌지만 카누는 나중에 밀려온 파도에 의해 해안의 암초에 내동댕이쳐져 크게 파손되고 말았다. 몇 차례 수선을 했지만 전과 똑같은 모습을 되찾지는 못했다.

암초로부터 얻은 교훈

삶은 때로 우리를 파도처럼 높이 치솟게 만든다. 한동안은 스릴 만점이다. 그럴 때면 사역, 사업, 인생이 우리의 생각을 마비시켜 부딪칠 산호초는 없고 오로지 부드러운 모래와 해변의 파라솔과 하얀 물보라만이 존재하는 상태가 영원히 지속될 것이라고 착각하게 만든다.

요령은 파도에서 빠져나와야 할 시기를 아는 데 있다. 하지만 그런 요령을 터득하기는 쉽지 않다. 그러기 위해서는 속도감에서 느끼는 흥분을 진정시키고 안전을 유지하며 오랫동안 즐겁게 살아갈 수 있는 길을 선택해야 한다. 하지만 당시만 해도 나에게는 그런 생각이 먹히지 않았다.

변화를 중단하는 순간 그것으로 끝이다.
_벤자민 프랭클린

하나님은 잔인하지도 않으시지만 그렇다고 무한정 관대하지도 않으시다. 그분은 진실하시지만 그렇다고 늘 우리를 편안하게만 하지도 않으신다. 하나님은 변하지 않으신다. 변해야 할 당사자는 바로 우리들이다. 성공하기 위해서는 배워야 한다. 실패 자체는 우리에게 아무런 영향도 미치지 못한다. 하지만 실패를 통해 교훈을 얻지 못하면 그때는 문제가 발생한다.

나는 내가 걸어가야 할 여정을 잘 마치려면 외부의 도움이 필요하다는 사실을 깨달았다. 하지만 그것을 알면서도 나는 한동안 계속해서 가속 페달을 밟아 댔다. 고갈된 상태에서 리더십을 발휘하느라 무진 애를 쓰고 있었던 것이다.

성찰의 시간 LEADING ON EMPTY

언젠가 선교 여행을 다녀온 적이 있다. 야간 비행기를 타고 집에 돌아왔는데 숨 돌릴 틈도 없이 곧장 교회로 가야 했다. 나는 말씀을 전하고 리더십 모임을 가졌다. 그 후 집에 돌아와서 잠을 잤다. 그렇게 두어 시간 잤을까, 갑자기 극도의 공포를 느끼며 잠에서 깨어났다. 샤워를 했는데 뜨거운 물인지 찬 물인지조차 감이 안 잡혔다. 극도의 스트레스에 억눌리는 상태였던 것이다.

그렇게 나를 엄습한 공포감은 그 후로 세 달 동안 잠시도 쉬지 않고 계속되다가 6개월이 지나면서 서서히 가라앉았다. 다시 이전처럼 생활을 되찾기까지는 모두 9개월이 소요되었다.

나는 거의 10년 동안 육체의 경고를 무시하는 데 익숙해져 있었다. 몸이 피곤한

데도 잠을 자지 않았고, 병이 들었는데도 일을 멈추지 않았다.

하지만 지금은 몸이 너무 아파 더 이상 일을 할 수 없다. 처음 세 달 동안은 고통이 너무 심해 인생을 마감하고 싶은 마음이 굴뚝같았다. 그래서 즉시 도움을 요청했다.

살아남기 위해서는 건강을 되찾을 수 있는 방법을 총동원해야 했다. 육체와 영혼과 정신을 모두 아우르는 전인적 치료가 필요했다. 그런 일이 왜 일어났느냐고 묻는 것은 아무 소용이 없다. 나는 이유를 알고 있었다. 오히려 나는 나 자신에게 어떻게 해야 건강을 되찾을 수 있느냐고 물어야 했다.

– 웨스트코스트에서 온 어느 목회자의 이야기

02
실패에서 새로운 깨달음을 얻다

"화로다 나여 망하게 되었도다"_사 6:5.

오랫동안 목회 사역에 전념하면서 나는 치유의 시간을 갖기가 무척 어려웠다. 솔직히 치유의 시간이 무엇인지조차 알지 못했다. 아마도 군인생활을 했던 엄한 아버지 밑에서 자랐던 배경 때문인 듯하다. 잠시라도 휴식을 취할 때면 나는 이상하게도 죄책감이 들었다.

하지만 이제는 치유의 시간을 가져야 할 때가 왔다.

약간 삐뚤어진 인생관은 쉽게 감지할 수도 없을뿐더러 처음에는 아무런 해가 없는 듯이 보인다. 하지만 시간이 지날수록 점차 그로 인한 폐해가 고개를 쳐든다. 우리처럼 영원한 삶을 위해 헌신하기로 맹세한 사람들의 심리 안에는 나중에 오히려 부작용을 낳을 요소들이 은밀하게 숨어 있을 가능성이 높다.

열정과 선한 의도는 처음에는 삶의 원동력으로 작용하지만 끝까지 지속되지는 못한다. 선한 의도와 스스로 설정한 높은 기대치는 전임 목회자들을 궁지로 몰아넣는다. 특히 그런 기대치가 충족되지 못하고

> 누군가가 동료들과 보조를 맞추지 않는다면 그 이유는 그가 다른 북소리를 듣고 있기 때문이다.
> 그의 발걸음이 아무리 규칙적이든, 또 아무리 멀어졌든 음악소리에 맞춰 걸어가게 하라.
> _헨리 데이비드 소로

좌절에 부딪칠 때 더욱 그렇다. 우리는 먹이사슬의 낮은 단계로 우리 자신을 밀어 넣고, 사냥꾼이 되기보다 먹잇감이 되는 쪽을 선택하는 경향이 있다.

힘들고 지친 목회자들

나는 목회자가 그다지 이력(履歷)이 좋은 직업에 해당하지 않는다는 사실을 알지 못했다. 스트레스가 많은 직업이라서 그런지, 아니면 높은 기대치 때문인지 이유는 분명하지 않다. 하지만 이유가 무엇이 되었든지 목회 사역에 종사하는 사람들 가운데 끝을 잘 마무리하지 못하는 이들이 참으로 많다.

런던 주니어는 〈위기의 목회자들 Pasters at Greater Risk〉이라는 역작에서 다음과 같은 통계 자료를 소개했다.[1]

* 목회 사역이 가족들에게 부정적인 영향을 미친다고 생각하는 사람들이 전체 80퍼센트에 달한다.
* 목회 사역이 가족들에게 위험을 초래한다고 생각하는 사람들이 전체의 33퍼센트에 달한다.
* 목회 사역에 종사하는 동안 최소한 한 번 이상 스트레스와 관련해 심각한 위기를 경험한 사람들이 전체의 75퍼센트에 달한다.
* 목회 사역을 온전히 감당할 수 없다고 생각하는 사람이 전체의 절반에 달한다.
* 목회 사역을 감당하는 데 필요한 훈련을 충분히 받지 못했다고 생각하는

> 등불을 타오르게 하기 위해서는 계속 기름을 공급해야 한다.
> _마더 테레사

사람이 전체의 90퍼센트에 달한다.
* 남편의 일정이 갈등 요인으로 작용한다고 생각하는 목회자 사모가 전체의 25퍼센트에 달한다.
* 목회 사역에 종사하는 사람들의 이혼 가능성은 평신도의 경우와 거의 차이가 없다.
* 목회자의 이혼율은 전체 직업군 가운데서 2위를 차지했다.
* 배우자와 보내는 시간이 부족하다고 생각하는 목회자가 전체의 80퍼센트에 달한다.
* 친한 친구가 없다고 말하는 목회자 사모가 전체의 56퍼센트에 달한다.
* 목회자 사모 가운데 45퍼센트가 육체적, 감정적, 정신적, 영적 탈진 상태를 그들 자신과 가족들을 가장 크게 위협하는 위험 요소로 지목했다.
* 목회 사역에 종사하는 것이 가족의 행복과 건강에 위험하다고 말하는 목회자가 전체의 52퍼센트에 달한다.
* 목회 사역을 잠시 중단해야 할 정도로 심한 우울증이나 심신 쇠약을 경험한 목회자가 전체의 45.5퍼센트에 달한다.
* 친한 친구로 생각할 사람이 없다고 말하는 목회자가 전체의 70퍼센트에 달한다.

물론 이것은 통계다. 위와 같은 통계 자료를 무시하기는 그리 어렵지 않다. 하지만 단지 통계 자료를 읽는 데 그치는 것이 아니라 우리 자신이 실제로 그런 상황에 처한다면 이야기는 달라진다. 나 역시 처음

> 위대한 일을 하려면 근면해야 할 뿐 아니라 게을러야 한다.
> _새뮤얼 버틀러

에는 하루 이틀 해변에서 휴식을 취하면 그런 증상이 곧 사라질 것이라고 생각하고 엄청난 쓰나미가 형성되고 있다는 사실을 의식하지 못한 채 삶의 속도를 늦추지 않았다.

강건하게 삶을 마무리하려면 사역 초창기부터 정신을 재충전할 수 있는 방법을 터득해야 한다. 교인들은 대부분 목회 사역이 얼마나 힘든지, 또 자신들의 요구가 얼마나 힘든 것인지 알지 못한다. 처음 목회 사역을 시작한 젊은 목회자들은 대개 이렇게들 생각한다. '이 일을 하는 것은 기분이 좋아. 사람들이 나를 필요로 해. 그들은 나를 존중해. 나는 하나님을 섬기고 있어. 나는 내가 있어야 할 곳에 서 있어.'

하지만 세월이 지나면서 늘 대기 상태로 존재해야 하는 생활에 몸과 마음은 서서히 지쳐 간다. 전화 한 통이면 언제라도 다급한 상황이 벌어질 수 있다. 나도 젊었을 때는 내가 필요하고 가치 있는 존재라고 생각했다. 하지만 지금은 마치 감옥에 갇힌 느낌이 든다.

국내에서 휴가나 휴식을 취할 경우, 교인들은 종종 전화를 걸어 장례식을 주관해 달라거나 결혼생활이 위기에 봉착했다는 것과 같은 문제를 호소한다. 한 마디로 옴짝달싹도 할 수 없는 상황이다. 내가 요구에 응하지 않으면 사랑이 없다고 비난한다. 나는 혹시나 내가 서둘러 돌아가지 않으면 교인들이 토라질 것을 우려해 그들의 요구를 거절하지 못한 적이 많았다. 하지만 서둘러 돌아갈 경우 내 마음의 짐을 덜 수 있을지는 몰라도 가족들은 큰 불편을 겪지 않으면 안 되었다.

교인들은 목회자가 도시에서 가장 뛰어난 설교를 전하기를 원한다.

그래서 주일 설교 준비를 끝마친 뒤에는 곧바로 다음 주일 설교 준비를 시작해야 한다. 어떤 목회자는 내게 설교가 마치 주일에 아이를 낳는 것과 같다고 말했다. 이는 월요일이 되면 또다시 임신을 해야 한다는 뜻이다.

매주 그런 식으로 30년의 세월을 살아오다 보니 매주 훌륭한 설교를 해야 한다는 압박감이 나를 짓눌렀다. 그런데도 나는 달리는 열차를 멈춰 세울 수가 없었다. 교인들은 내 심신이 고갈된 상태에서도 여전히 리더십을 발휘해 주기를 기대했다.

이는 누구의 잘못도 아니다. 우리는 모두 그렇게 익숙해져 있는 상태다. 하지만 그런 상황을 개선하지 않으면 곧 위기 상황이 닥쳐올 수밖에 없다. 나는 나 자신 외에 다른 모든 사람의 문제를 해결했다. 내게는 나의 정신을 재충전할 시간이 필요했다.

문제를 찾아 해결하라

장거리 선수는 조만간에 한계점에 도달한다. 아무리 훈련이 잘 된 선수도 언젠가는 한계점에 정면으로 부딪친다.

한계점은 마라톤 선수가 피로에 지쳐 경기를 중단하고 싶은 충동을 느끼는 시점(대개 출발선에서 약 32킬로미터 떨어진 지점)을 가리킨다. 그 순간 마라톤 선수는 도저히 극복할 수 없을 것 같은 생리학적인 장벽에 부딪친다.

마라톤의 총거리는 42.195 킬로미터다. 나는 지금까지 네 차례 마라톤에 도전했는데 그때마다 한계점에 부딪쳤다. 한계점은 축적된 글리코겐이 바닥이 났을 때 나타난다. 우리의 육체는 체력이 다 소모된 상태에 이르면 에너지원을 전환시켜 비축해 둔 지방을 사용한다.

장거리 전문 선수들은 잠시 기운이 빠지는 듯한 느낌에 그치지만 경험이 부족한 선수들은 젖산 발출로 인한 근육 경련 및 탈수 증세와 같은 생리적 문제가 부가적으로 나타나는 것이 보통이다.

마라톤 훈련을 받는 사람들은 일부러 자신을 극한 상황으로 몰아넣어 육체를 길들이는 방식을 선택한다. 장거리 훈련을 반복해 체력이 바닥을 치는 상태를 억지로 만들어 냄으로써 에너지원이 글리코겐에서 지방으로 갑작스레 바뀌는 상황에 육체가 순응하도록 훈련한다. 그러면 육체는 주(主)에너지원에서 보조 에너지원으로 바뀌는 과정에 익숙해져 한계점에 도달해도 충격을 덜 받는다.

마라톤 선수가 일단 한계점을 통과하면 최악의 상황은 종식된다. 그리고 물집이나 근육 경련과 같은 다른 부작용이 발생하지만 않는다면 결승선을 향해 끝까지 달려갈 수 있다.

나는 상담자와 몇 차례 대화를 나눈 뒤 내 감정 상태에 문제가 발생했다는 사실을 알게 되었다. 하지만 문제를 발견하는 것과 문제를 진술하고 해결하는 것은 서로 별개다. 문제를 발견하기만 하고 해결하지 않는다면 그것은 아무 유익도 없는 시간 낭비에 불과할 뿐이다.

30년 동안 마라톤 사역을 감당해 온 나는 한계점에 부딪쳤다. 하지 궁지에 몰려 고통과 실패를 경험할 때 무엇인가를 배울 수 있는 기회가 주어진다.
_랠프 월도 에머슨

만 다른 에너지원으로 전환하는 방법을 알지 못했다. 어느 날 오후, 사무실에서 차를 몰고 집에 돌아오는 동안 혹시나 심장마비에 걸릴지도 모른다는 두려움에 사로잡혔다. 왼쪽 팔에서 감각이 사라졌고 호흡이 곤란했다. 도로 곁에 차를 세운 뒤 휴대폰으로 의사에게 전화를 걸었다. 증상을 설명하고 그가 묻는 몇 가지 질문에 대답했다. 그는 이렇게 결론지었다. "목사님, 심장마비가 아닙니다. 불안 증세일 뿐입니다. 하지만 삶의 속도를 그대로 유지하다가는 정말 심장마비에 걸릴 수도 있습니다. 곧 말입니다. 휴식을 취하시든지, 아니면 약을 좀 처방해 드릴 테니 드셔 보세요."

더 이상 치료를 미룰 수 없다는 사실을 알았다. 파도는 내가 상상했던 것보다 훨씬 더 커졌고, 무자비한 암초에 나를 내동댕이치려고 거침없이 밀려들었다. 휴식이든 약물이든 둘 가운데 하나를 선택해야 했다.

마침내 쉼을 갖다

몇 달 전 한 친구가 캘리포니아 해안에 가톨릭 수도사들이 운영하는 수련원 이야기를 들려준 적이 있었다. 그는 그곳에서 쉬면서 고요한 분위기에서 혼자 시간을 보냈더니 영혼이 맑아지고 심신이 새로워졌다고 했다.

나는 하나님께서 그분 자신의 음성을 제외한
모든 소음을 잠재워 주시기를 바랐다.

> 외로움은 자아의 빈곤이고, 고독은 자아의 풍요다.
> _메이 스타턴

수도원에서 시간을 보낸다는 것이 좀 과감한 발상처럼 보였지만 무엇이든 서둘러 행동을 취해야 할 필요가 있었다. 나는 친구에게 수도원 주소를 묻고 캘리포니아 해안을 향해 출발했다. 수도사들과 일주일을 함께 보내는 동안 하나님께서 그분 자신의 음성을 제외한 모든 소음을 잠재워 주시기를 바랐다.

캘리포니아 해안 산지에 깊숙이 자리 잡은 수도원에는 침묵의 서약을 한 가톨릭 수도사들이 머물고 있었다. 그곳에 도착하는 순간 침묵의 서약이 무엇을 의미하는지 알 수 있었다. 사무실에 들어가니 다음 문구가 적힌 쪽지만이 덩그러니 나를 맞이했다. "선생님의 오두막이 선생님의 도착을 기다리고 있습니다. 길을 따라 내려가 네 번째 오두막으로 가십시오."

그것으로 끝이었다. 환영인사도 없었고, 접수 요원이나 사환도 만날 수 없었다. 나는 소박한 오두막에 들어가서 짐을 풀었다. 그러고는 일찍 자리에 누웠지만 쉽게 잠을 이룰 수가 없었다.

다음 날 아침, 정확히 오전 4시에 예배를 알리는 종소리가 들려왔다. 종소리가 수도사들과 순례자들을 맞이했다. 횟수를 세어 보니 모두 서른 번이었다. 두건을 쓴 수도사들이 목소리를 내는 유일한 시간은 그들이 새벽 기도회로 모이는 오전 5시였다. 나는 부스스한 눈을 하고 수도사들이 반주 없이 그레고리우스 성가로 시편을 노래하는 소리에 맞춰 예배당에 들어갔다. 맑고 단순한 화음이 희미한 불빛이 드리워진 예배당에 조용히 울려 퍼졌다. 공명을 이루는 아름다운 소리를 듣는 순간 하나님이 그분의 사역을 시작하셨다는 느낌이 전해 왔다.

침묵과 고독은 잔뜩 메마른 영혼에 새로운 활력을 불어넣는다. 나 역시 침묵과 고독을 통해 새로운 힘을 얻었다. 나는 조용한 오두막으로 돌아와서 경건의 시간을 가졌다.

침묵과 고독은 잔뜩 메마른 영혼에 새로운 활력을 제공한다.

하지만 고질적인 습관을 지닌 도시인인 나에게 침묵은 그리 쉬운 문제가 아니었다. 수도원에는 인터넷도 없었고, 휴대폰도 없었다. 무엇보다도 커피가 없다는 것이 문제였다. 고요한 수련원이 유형지와 같은 느낌이 들기 시작했다. 커피와 머핀이 없이 어떻게 경건의 시간을 보낼 수 있단 말인가 하는 생각이 들었다.

이틀째가 되자 나의 신체 기능이 파업을 일으킨 것 같았다. 아드레날린 수치가 줄어드는 것은 마치 마약 복용을 중단한 것과 흡사했다. 마약 사용을 중단할 때처럼 허탈감이 들면서 육체는 경련을 일으키기 시작했다. 그날 아침 일기에 이렇게 적었다. "지금까지 살아오면서 이렇게 고통스러웠던 적은 없었다. 도대체 나에게 무슨 일이 벌어지고 있는지 알 수 없다. 하지만 이 고통을 이겨 내야 한다."

이사야가 "화로다 나여 망하게 되었도다" 사 6:5라고 부르짖었을 때 느꼈던 고통을 알 것 같았다. 나는 또다시 잠을 이룰 수가 없어 한밤중에 하나님을 향해 간절히 부르짖었다.

수도원에서 시간을 보내는 동안 나는 가족, 일정, 각종 모임, 강연, 목회 사무실에서 일하는 시간을 비롯해 심지어는 운동 시간까지 오랫동안 나를 속박해 왔던 것들과 서서히 분리되는 듯한 느낌을 받았다. 내가 아무짝에도 쓸모가 없는 무익한 존재라는 생각과 함께 나 자신이 서서히 해체되며 무작정 어디론가 휩쓸려 가는 느낌이었다.

아마도 삶의 방향을 바꾸어 새롭게 출발함으로써 새로운 경력을 쌓을 때가 되었다는 뜻인지도 몰랐다. 내가 그때까지 해 왔던 일에 대한 욕망이 사그라지며 하나님이 나에게 새로운 일을 맡기신다는 확신이 들었다. 어쩌면 직업을 바꾸어야 할지도 모른다는 생각이 들었다.

여러 가지 생각을 하다 보니 마음이 혼란스러웠다. 내 인생을 재평가하는 것은 너무 이른 듯이 보였다. 내게는 당장 스스로 이것저것 섣부른 판단을 내리기보다 단지 치유를 위한 시간이 필요할 뿐이었다. 무엇보다도 휴식이 가장 시급했다. 다른 모든 소리, 심지어는 나의 소리까지 모두 잠재우는 것이 필요했다. 하지만 그것조차 쉽지 않았다. 목회자인 나는 항상 무엇이든 부서진 것이 있으면 고쳐야 한다는 생각이 앞섰다. 하지만 이번 문제 앞에서는 어찌 해 볼 도리가 없었다.

내가 꾸준하게 해 오는 유일한 일은 날마다 하나님 발 앞에 엎드리는 것뿐이었다. 내게 필요한 해결책과 새로운 힘을 발견할 수 있는 곳은 바로 그곳이다.

내게 필요한 해결책과 새로운 힘을 발견할 수 있는 곳은

바로 하나님의 발 앞이다. 나는 매일의 경건의 시간을 통해 예레미야 선지자로부터 목숨을 구원받는 은혜를 체험했다.

지혜와 총명은 하루아침에 형성되지 않는다. 그것들은 날마다 조금씩 쌓여 간다. 나는 매일의 경건의 시간을 통해 예레미야 선지자로부터 목숨을 구원받는 은혜를 체험했다.

선지자의 구원

나는 망망대해에서 길을 잃었다. 물 위를 걷고 있지만 언제까지 버틸 수 있을지 알 수 없었다. 때로는 공포감이 몰려들기도 하고, 때로는 너무 지친 탓에 아무 느낌도 없었다.

내가 분명히 알 수 있는 한 가지 사실은 내가 물에 빠지고 있다는 것이다. 바로 그때 예레미야 선지자가 널빤지를 던져 주었다. 구명 뗏목이 아니라 달랑 널빤지 하나였다. 하지만 그것만으로도 다음 번 도움이 주어질 때까지 물 위에 떠 있기에 충분했다.

예레미야서를 읽으면서 나의 경험과 그의 경험이 섬뜩할 정도로 비슷하다는 사실을 발견했다. 사람들에게 배척당하고, 절망에 부딪치고, 감정의 고통을 겪는 예레미야 선지자를 보니 나 혼자가 아니라는 생각이 들었다. 사실 나는 그가 감당해야 했던 고통의 지극히 적은 일부만을 감당하고 있었을 뿐이다.

나는 중얼거렸다. "더 이상 신경 쓰고 싶지 않아. 나는 할 일을 다 했

> 믿음으로 보려면 이성의 눈을 감아야 한다.
> _벤자민 프랭클린

어. 이제는 다른 일을 하고 싶어. 내 몫은 충분히 감당했어. 내 시간은 지났어. 이제는 다른 사람 차례야."

나는 계속해서 예레미야서 17장까지 읽어 나갔다. 그때 그는 마침내 내가 이해할 수 있는 방식으로 말하기 시작했다. 모든 것을 포기하고 싶은 마음으로 몇 시간 동안 고민에 고민을 거듭한 후 나는 비로소 고통 가운데 처한 예레미야 선지자의 뚜렷한 음성을 들었다. 그는 오직 친구만이 할 수 있는 일, 곧 비난이 아닌 진심 어린 충고로 나의 잘못된 생각을 일깨워 주었다.

"그만두고 싶으면 그만둬. 그렇게 우유부단해서는 안 돼. 빠지고 싶으면 빠져. 괜히 징징대지 말고."

그런 다음 그는 하늘을 바라보며 자신을 부르신 하나님께 이렇게 말했다. "나는 목자의 직분에서 물러가지 아니하고 주를 좇았사오며" 렘 17:16.

그것이 그가 던져 준 널빤지였다. 그의 말은 내 목숨을 건져 주었고, 새로운 소망을 갖게 해 주었다. 그는 마치 '이제 걸어가야 할 때가 되었지 않았어?'라고 말하는 듯했다.

그의 말은 친구가 친구를 가볍게 질책하는 소리처럼 들렸다. "네가 원하면 그만두어도 좋아. 하지만 나라면 그렇게 쉽게 결정하지 않을 거야."

내게 꼭 필요한 말이었다. 그 말은 내가 구했던 확신은 아니었지만 아무튼 내 목회 사역의 숨통을 다시 열어 주었다. 앞으로 발걸음을 내딛는 데 필요한 결심을 다지도록 도와주었다.

성경을 능가할 사람은 아무도 없다.
성경은 우리 삶을 더욱 깊고, 넓게 해 준다.
- 찰스 스펄전

매일 경건의 시간을 갖고 하나님과 꾸준히 동행하다 보면 미래의 안전을 보장받을 수 있다. 하나님의 말씀을 읽다 보면 숨겨진 잠재력이 흘러나온다. 앞길에 안개가 자욱하거나 어둠이 깔려 있더라도 밝고 따뜻한 빛줄기가 우리의 발길을 인도할 것이다. 그러한 빛이 없으면 우리 앞날은 우리가 상상하는 것보다 훨씬 더 어두워질 것이다. 이제는 함께 걸어가야 할 때가 되지 않았는가? 우리 모두 함께 나아가자.

성찰의 시간　LEADING　ON　EMPTY

나는 주변 사람들이 알아차리기 전부터 이미 나의 심신 쇠약 증세를 느끼기 시작했다. 그래서 그들에게 잠시 일을 중단해야겠다고 토로했다. 하지만 그들은 나를 붙잡았다. "지금 건축 계획이 진행 중입니다. 사장님이 꼭 필요합니다."

사람들은 나에게 어서 결정하라고 재촉했지만 정말 쉽지 않았다. 그러던 중 더 이상 사무실에 나가고 싶은 생각이 들지 않는 지경에까지 도달했다. 사람들은 내가 더 이상 견디지 못하는 모습을 보고 나서야 비로소 휴식이 필요하다는 사실을 인정했다.

어떤 사람들은 내가 무엇인가 죄를 지었다고 생각하기도 했다. 하지만 나는 사람들의 생각에 일일이 대꾸할 여력이 없었다. 나 자신의 상황만을 감당하기도 힘들었기 때문이다. 참으로 그때는 나의 일생에서 가장 힘든 시간이었다. 하지만 지금 돌이켜보니 그런 과정을 거치면서 새롭게 깨달은 교훈이 많았다.

나는 하나님이 나의 기도에 응답하지 않으신다고 불평을 쏟아냈다. 기도의 응답을 받지 못하자 절망감이 파도처럼 밀려왔다. 회사에서 일어나는 온갖 문제를 왜 내가 다 처리해야 하는지 궁금했다. 나는 날마다 하나님은 과연 어떤 분이신가를 생각하며 고심했다. 나는 서서히 무너지고 있었다. 하지만 내가 아는 신학 지식은 기도하고 금식하면 모든 일이 잘 될 것이라는 확신을 심어 주었다.

아무튼 나는 심신 쇠약의 초기 징후를 극복하기 위해 노력했다. 나는 스스로에게 '너는 할 수 있어'라고 말하면서 몸을 일으켜 계속 앞으로 나아갔다. 그러는 동안에도 나는 몹시 혼란스러웠다. "도대체 이런 일이 왜 일어난 것이지?" 이런 질문을 수없이 되뇌었다.

나는 한 번에 한 가지씩 일을 처리했다. 처음에는 나의 생각을 통제하는 데 초점을 맞추었고, 그 다음에는 정신을 새롭게 하기 위해 노력하고, 마지막에는 육체의 건강을 돌보는 데 관심을 기울였다.

— 노스웨스트에서 온 사업가의 이야기

약한 데서 온전해지는 능력이 있다

"내게 이르시기를 내 은혜가 네게 족하도다 이는 내 능력이 약한 데서 온전하여짐이라……
그러므로 내가 그리스도를 위하여 약한 것들과 능욕과 궁핍과 핍박과
곤란을 기뻐하노니 이는 내가 약할 그때에 곧 강함이니라"_고후 12:9-10.

"그런 일은 나에게는 절대로 일어날 리 없어."

심신 쇠약에 걸리기 직전 내가 했던 마지막 말이다. 하지만 심신 쇠약은 혼자서만 찾아오지 않는다. 내 경우에서 보듯 심신 쇠약은 우울증을 동반한다. 당시에 나는 무척이나 당황스러웠다. 나는 본래 사교적인 사람으로, 사람들을 무척 좋아했는데 갑자기 모두가 귀찮게만 여겨지자 참으로 혼란스러웠다.

앞으로 두 장에 걸쳐 심신 쇠약에 종종 수반되는 우울증을 살펴볼 생각이다. 이 둘은 마치 여행 동반자인 양 종종 함께 붙어 다니면서 우리의 삶을 갉아먹는다. 하지만 그렇다고 해서 마구잡이로 우리를 공격하는 것은 아니다. 문제를 악화시키는 몇 가지 계기가 주어지다가 때가 되면 곪아 터지는 것이 보통이다.

심신 쇠약을 앓는 사람은 대개 서서히 우울증의 덫에 발목을 잡힌다. 우울증은 초대하지 않은 손님처럼 우리에게 다가와 고통을 안겨 준다.

> 그 동굴들 안에서 깊은 슬픔에 젖어 노래를 지어 불렀던 다윗은
> 세상에서 가장 위대한 찬송가 작가이자 상한 심령의 위로자로 거듭났다.
> _진 에드워즈, 〈세 왕 이야기 A Study in Brojeness〉

하지만 하나님의 도우심을 의지하면 얼마든지 극복할 수 있다. 우울증의 정도가 심해지면 자살 충동을 느낀다. 그런 경우에는 즉각적인 조처가 필요하다. 하지만 나의 경우에는 자살 충동보다는 분노와 좌절의 형태를 띨 때가 많았다.

우울증은 '나는 무가치한 존재야'라는 생각을 부추기며 모든 희망을 서서히 앗아 간다. 우울증은 믿음을 파괴하고 미래를 어둡게 만든다. 이유 없이 쏟아지는 눈물, 점차 줄어드는 삶의 재미, 나날이 쇠퇴하는 의욕과 같은 증세가 어둡고 긴 밤으로 이어지는 짙은 그림자처럼 우리를 내리 덮는다. 우울증은 쉽게 해결할 수 없는 복합 증세를 동반하며, 육체와 정신과 감정 전반에 걸쳐 여러 가지 징후를 나타낸다.

우울증은 사람을 가리지 않는다. 우울증이라는 침묵의 '테러리스트'는 신자와 불신자를 가리지 않고 공격을 감행한다. 불신자의 경우에는 우울증의 현실을 쉽게 인정하고 서둘러 치료책을 강구하는 것이 보통이다. 하지만 신자의 경우에는 '그리스도를 믿는다면 항상 그분의 기쁨으로 충만한 삶을 살아야 하지 않겠는가?'라는 생각 때문에 자신의 실상을 선뜻 인정하지 못하는 경향이 있다. 신자라고 해서 우울증에서 자유로울 것이라고 생각하면 큰 오산이다.

감정상의 문둥병자

안타깝게도 우울증을 앓는 사람들을 감정상의 문둥병자로 취급하는 경향이 종종 있다. 어떤 사람들은 고백

안락하고 편안할 때가 아니라 도전과 갈등을 겪는 순간이야말로
그 사람의 진가를 확인할 수 있는 때다.
_마틴 루터 킹 주니어

하지 않은 죄나 해결하지 못한 갈등 때문에 주어지는 심판으로 간주하기도 한다.

심신 쇠약과 우울증으로 고생하는 신자의 경우 대개 상담자로부터 다음과 같은 충고를 듣는다.

* "죄를 고백하세요."
* "더 열심히 기도하세요."
* "교회를 옮겨 보세요."
* "자기 계발 도서를 읽어 보세요."
* "믿음을 좀 더 굳건히 가지세요."
* "성경을 좀 더 읽어 보세요."

욥을 위로했던 친구들의 말처럼 들리지 않는가? 브렌다 포인셋은 "나는 왜 그토록 우울한가?"라는 제목의 글에서 우울증을 앓는 동안 '당시에 신자였나요? 주님과 동행했나요? 성경을 읽고 기도했나요?'와 같은 질문이 끊임없이 떠올랐다고 말했다.

그녀의 말을 들어 보자.

"그런 질문에 '예'라고 대답하면 침묵 속에서 곧바로 다음과 같은 질문이 떠올랐다. '어떻게 날로 성장 중에 있는 충실한 신자가 우울증을 앓을 수 있단 말인가?' 이 질문은 통속적이고 부정확한 가설, 곧 기독교인은 우울증에 걸려서는 안 된다는 가설을 전제로 한다."[1]

> 하나님이 나를 사랑하신다고 말하지만 어둠과 냉랭함과 공허감이
> 너무 심해 아무것에서도 영혼의 위로를 찾을 수가 없다.
> _마더 테레사

하지만 성경에는 하나님의 사람들이 우울증에 시달렸던 사례가 많다. 이사야는 '망하게 되었다'라는 말로 그런 심정을 표현했고, 예레미야는 차라리 태어나지 않기를 바랐으며, 모세는 자신의 이름을 생명책에서 지워 달라고 간구했고, 요나는 사는 것보다 죽은 것이 더 낫다고 말했다. 또한 욥기서에 보면 구구절절 욥의 슬픔과 고통이 묻어난다. 심지어 예수님도 마음이 크게 고민되어 겟세마네 동산에서 간절히 하나님께 부르짖으셨다.

우울증을 앓았던 신앙 위인들

역사를 돌이켜보면 가장 훌륭한 하나님의 사람들이 생명력을 약화시키는 끈질긴 슬픔과 우울증에 시달렸던 것을 알 수 있다.

● 마더 테레사(1910-1997)

마더 테레사는 오랫동안 나의 영웅이었다. 나는 그녀의 책을 통해 많은 것을 배웠다. 하지만 그녀 역시 하나님께 버림받았다는 감정을 극복하지 않으면 안 되었다. 그녀는 개인 서신에서 이렇게 말했다.

"하나님이 나를 사랑하신다고 말하지만 어둠과 냉랭함과 공허감이 너무 심해 아무것에서도 영혼의 위로를 찾을 수가 없다."[2]

나는 그녀의 외로운 심정을 이해할 수 있다. 그녀는 이렇게 덧붙였다. "하나님이 나를 원하지 않으시며, 하나님은 하나님이 아니시며, 그

나는 버림을 당해 혼자 있는 듯했다.
사자의 울음소리가 들리고 문은 단 하나를 제외하고 모두 닫혔다.
그 문은 바로 자비의 문이었다.
_윌리엄 코퍼

분이 실제로 존재하지 않으신다는 끔찍한 상실감이 내 마음을 짓누른다." 그녀는 생을 마감하기까지 늘 고민했지만 인도의 캘커타에 거주하는 수많은 빈민들에게 희망을 안겨 주었다.

● **윌리엄 코퍼(1731-1800)**

윌리엄 코퍼는 성직자의 아들이었다. 그의 모친은 그가 다섯 살 때 세상을 떠났다. 따라서 그는 아주 어려서부터 기숙학교에 들어가 지냈는데, 학우들은 그를 참 많이도 놀리고 괴롭혔다.

그는 나중에 웨스트민스터에서 교육을 받았다. 그곳에서 교육을 받는 동안 그는 끔찍한 불안과 고통에 시달리다가 결국 우울증에 걸려 세인트앨번스에 있는 병원에 입원했다. 하지만 그는 모든 어려움을 극복하고 찬송가를 작곡해 수많은 교회에게 믿음과 희망의 노래를 선물했다.[3]

1764년 7월, 코퍼는 정원에 앉아서 로마서 3장 24-25절을 읽었다. "그리스도 예수 안에 있는 구속으로 말미암아 하나님의 은혜로 값없이 의롭다 하심을 얻은 자 되었느니라 …… 이는 하나님께서 길이 참으시는 중에 전에 지은 죄를 간과하심으로 자기의 의로우심을 나타내려 하심이니."

그는 그 말씀을 읽고 이렇게 말했다. "나는 그 즉시 믿을 수 있는 힘을 얻었다. 의로우신 성자의 광채가 나를 밝히 비추었다. 그리스도의 속죄가 나를 구원하기에 충분하다는 사실을 깨달았다. 나는 그분의

> 목회 사역은 제대로 수행할 경우 뇌를 지치게 하고,
> 마음을 긴장시키고, 활력을 고갈시키는 과업이다.
> _찰스 스펄전

보혈로 죄 사함을 받고, 온전하고 충만한 의를 얻었다. 나는 순식간에 복음을 믿고 받아들였다."4)

코퍼는 "나 같은 죄인 살리신"을 작곡한 존 뉴턴의 친구로, 그들은 함께 〈올니 찬송가 Olney Hymns〉를 출판했다. 코퍼는 그곳에서 "어둠에서 비치는 빛"이라는 찬송가로 크게 이름을 떨쳤다.

> 하나님은 기적을 행하시기 위해
> 신비롭게 행동하십니다.
> 그분은 바다에 발을 굳게 디디시고
> 폭풍우를 타고 다니십니다.
>
> 깊이를 알 수 없는 광산 깊숙한 곳에
> 다함이 없는 지혜로
> 영명한 계획을 세워 두시고
> 그 높으신 뜻을 행하십니다.

● **찰스 해돈 스펄전(1834-1892)**

찰스 해돈 스펄전은 역사상 아주 위대한 설교자 가운데 한 사람이다. 그는 하나님의 말씀을 전달하는 탁월한 능력과 번득이는 재치와 뛰어난 유머로 사람들의 사랑을 받았다. 하지만 무려 2만이 넘는 청중을 향해 말씀을 선포했던 그도 일평생 우울증과 맞서 싸워야 했다. 그

는 이렇게 말했다. "나의 성공은 오히려 나를 경악하게 했다. 기회의 문이 활짝 열린 듯했지만 마음이 고무되기는커녕 크게 낙심되었다. 나는 비탄한 마음을 금할 수 없었다".[5]

스펄전은 하나님 앞에서 그 많은 영혼들을 책임져야 한다는 막중한 사명감 때문에 큰 불안을 느꼈다. 그는 1883년에 이렇게 말했다.

"30년 이상 복음을 전파했다 …… 하지만 이 강단에 오를 때면 종종 무릎이 떨린다. 청중 가운데 누구를 두려워해서가 아니라 하나님 앞에서 내가 짊어져야 할 책임감 때문이다. 다시 말해 그분의 말씀을 충실하게 전하느냐 그렇지 못하느냐가 걱정스러워서다."[6]

런던에서 목회 사역을 시작했던 초창기에 그는 비난과 조롱과 경멸의 대상이 되곤 했다. 그는 "그런 박해 속에서 기쁨을 누리느냐, 아니면 완전히 굴복하느냐를 사이에 두고" 심한 갈등에 빠졌다. 그는 1857년에 이렇게 말했다.

"새로운 비난이 쏟아질 때면 이마에 뜨거운 땀방울이 송골송골 맺히면서 저절로 무릎이 꿇어졌다. 깊은 탄식이 터져 나오면서 마음이 몹시 상심되었다…… 내가 진심으로 하고 싶은 말이 있다면 바로 이것이다. 곧 내가 길거리의 진창처럼 여겨지고, 어리석은 자들의 웃음거리와 술주정뱅이의 조롱거리가 되는 것이 오히려 주님을 더욱더 열심히 섬길 수 있고, 그분의 뜻을 더 잘 받들 수 있는 계기가 된다면 나는 사람들이 줄 수 있는 온갖 찬사나 이 수많은 군중보다도 기꺼이 고통을 선택하겠다."[7]

> 나는 세상에서 가장 비참한 존재다……
> 내가 앞으로 더 나아질 수 있을지 아닐지는 확신할 수 없다.
> 끔찍한 예측이지만 더 나아질 가능성이 보이지 않는다.
> _에이브러햄 링컨, 1841년 1월 23일에 존 스튜어트에게 보낸 편지에서

스펄전은 자신의 우울증을 사역을 더욱 효율적으로 수행하기 위한 수단으로 받아들였다. "실망한 영혼을 기쁘게 하기 위해서라면 백 번이라도 깊은 심연으로 빠져들겠다. 고통을 당하는 것이 나에게 유익이다. 왜냐하면 지친 영혼을 적절히 위로할 수 있는 방법을 알 수 있기 때문이다."[8]

● 에이브러햄 링컨(1809-1865)

'분열된 집은 더 지탱할 수 없다'는 연설에 힘입어 대통령에 당선된 에이브러햄 링컨 역시 의심과 우울증의 고통을 누구보다도 잘 알았다. 그는 인생 초기에 이런 글을 남겼다.

"나는 세상에서 가장 비참한 존재다. 내가 느끼는 것을 인류에게 균등하게 나눠 준다면 세상에는 기쁜 얼굴을 한 사람이 아무도 없을 것이다. 내가 앞으로 더 나아질 수 있을지는 확신할 수 없다. 물론 현재 상태에 계속 머물 수도 없다. 죽든지 더 나아지든지 둘 중 하나다."[9]

● 마틴 루터 킹 주니어(1929-1968)

인종 평등과 사회 개혁을 논할 때면 항상 시민운동의 영웅 마틴 루터 킹 주니어를 떠올리지 않을 수 없다. 하지만 그의 짧은 인생은 혼란과 갈등의 연속이었다. 인권 운동을 하면서 당한 고난도 그에게 많은 고통을 안겨 주었을 테지만 때로 그의 친한 동료와 친구들을 놀라게 했던 우울증도 그의 고통에서 큰 비중을 차지했다. 그의 측근 가운데

> 무한한 절망을 받아들여야 한다고 해도 결코 무한한 희망을 저버려서는 안 된다.
> _마틴 루터 킹 주니어

한 사람은 그가 극심한 우울증에 시달리는 것을 보고 정신과 의사와 상담해 보라고 권유했다. 수면제도 그에게는 아무 소용이 없었다. 그는 죽고 싶은 충동에 시달렸다.

● **헨리 나우웬(1932-1996)**

헨리 나우웬은 네덜란드의 가톨릭 사제이자 40권의 책을 집필한 저술가다. 그는 정신 질환을 앓는 사람들을 위해 프랑스 라쉬 공동체에서 한동안 생활해야 했다. 그 일이 계기가 되어 그는 1986년에 토론토의 라쉬 공동체 데이브레이크의 목회자로 일하게 되었다. 그가 저술한 책들 가운데는 〈마음에서 들려오는 사랑의 소리 The Inner voice of Love〉, 〈탕자의 귀향 The Return of the Prodigai Son〉, 〈아담 Adam〉, 〈동정심 Compassion〉, 〈이는 내 사랑하는 자요 Life of the Beloved〉 등이 있다.

나우웬 자신도 여러 차례 고질적인 우울증을 앓았다. 그래서 자신의 여러 책에 우울증과 기독교 신앙을 조화시키려고 애쓰는 과정을 담아 냈다.

이들 신앙 위인들은 종종 사망의 어두운 골짜기를 통과했다. 그들의 주변 세상은 온통 부서져 내렸고, 그들의 하늘에는 한동안 깜깜한 어둠만이 가득했다. 하지만 외로움이 아무리 심하더라도 하나님은 결코 그들을 버리지 않으셨다.

그들도 우리처럼 삶의 문제들에 직면해야 했다. 어떤 문제들은 종

> 우리에게는 삶의 순간마다 기쁨을 선택할 수 있는 기회가 주어져 있다.
> 우리의 자유는 바로 그러한 선택 안에 놓여 있다.
> 자유란 궁극적으로 사랑할 수 있는 자유를 뜻한다.
> _헨리 나우웬

종 우울증을 유발시킨다.

우울증의 원인

의학이 처음 발달할 때만 해도 수술은 사형 선고나 다름없었다. 수술 후에 사망한 환자들의 숫자에 의사들은 당혹감을 감추지 못했다. '알 수 없는 원인' 때문에 사망한 환자들이 한둘이 아니었다.

외과 의사들은 환자 한 사람을 수술한 뒤 바로 다음 환자를 수술했고, 그 후에 또다시 세 번째 환자를 위해 메스를 들었다. 그러는 사이 그들은 부지불식간에 환자들에게 박테리아를 옮긴 것이다. 하지만 루이 파스퇴르를 통해 세균학이 발전하면서 의료 전문가들은 극미한 감염의 징후까지 알아차리기 시작했다. 의사들은 새로운 지식에 힘입어 질병의 신비로운 전달 경로를 효과적으로 차단하기 위해 노력했다. 그로써 의학은 크게 진일보했다.

마찬가지로 심신 쇠약과 우울증의 원인과 징후에 정통할수록 그런 상황에 대처해 문제를 해결할 수 있는 능력이 더욱 배가된다.

우울증이 어디에서부터 시작하는지 주시하자. 여러 가지 작은 요인들이 모여 우울증이라는 큰 사태를 빚어낸다. 타락한 본성을 지닌 인간은 분노와 실망을 쉽게 느낀다. 물밑에서 이는 강력한 역류처럼 인생에도 그 자체의 엔트로피, 곧 아주 부드러우면서도 일관된 흐름이 존재한다. 시간이 지나면서 우리의 방어력이 약해지면 신경전달물질

> 우리의 토대가 흔들릴 때 우리는 하나님께 도움을 부르짖지만
> 결국에는 우리의 토대를 뒤흔들고 계시는 분이
> 하나님이시라는 사실을 깨닫는다.
> _찰스 스펄전

의 반응으로 인해 감정의 파도가 우리를 휩쓸기 시작한다. 그런 상황을 자극하는 요인 몇 가지를 열거하면 다음과 같다.

장기 스트레스

장기 스트레스는 우울증의 원인 가운데 하나다. 늘 또 다른 은혜로운 설교 말씀을 준비해야 한다는 강박관념에 시달리다 보면 심신이 피로해질 수밖에 없다. 그런 상황은 우리의 감정 체계를 고갈시키고, 삶의 균형을 유지하는 능력을 감소시킨다.

장기 스트레스는 처음에는 쉽게 발견되지 않는다. 성공, 부, 사람들의 칭찬 등에 현혹되어 장기 스트레스의 기미를 알아채기가 어렵기 때문이다. 그러다 보면 바닥이 드러날 때까지 계속 앞만 보고 나아가게 되고, 심신이 고갈된 상태로 리더십을 발휘하는 지경에 이른다. 그런 상황이 벌어지면 더 이상 성공이 아니라 치유가 우리의 목표가 되고 만다.

장기 스트레스는 호르몬에 의해 생화학적으로 생성되어 뇌와 신경 체계에 방출되는 에너지원을 고갈시킨다. 세로토닌이 고갈되면 아드레날린이 방출되어 그 공백을 메운다. 우리의 육체는 아드레날린에 중독되면 시간이 지날수록 더 많은 양의 아드레날린을 요구한다. 에피네프린이라고도 불리는 아드레날린 방출량이 점차 많아지면 우리의 육체는 마감 일자를 맞추고, 필요한 보고서를 준비하고, 우리 자신과 다른 사람들의 기대에 부응하기 위해 더욱더 그 강력한 화학물질에 의존

하는 상태로 변화한다.

  아드레날린 중독은 매우 천천히 진행되는 탓에 의식하기가 어렵다. 그러한 상황을 미리 감지하지 못하면 스트레스는 결국 심신 쇠약을 가져오고, 심신 쇠약은 또한 우울증을 동반하기에 이른다.

  마감 일자를 맞춰야 한다는 스트레스가 끊임없이 우리의 생각을 짓누르면 불안감이 증폭되면서 육체는 위기 상황에 적응하려는 상태로 발전한다. 혈압이 상승하고, 맥박이 빨라지고, 콜레스테롤 수치가 늘어난다. 결국 마모 현상이 가속화되면서 종양, 공황장애, 심장병과 같은 징후가 나타난다.

  지금은 우리 자신이 중요하고도 필요한 존재라는 생각이 들지 몰라도 그런 자기 존재감은 덧없는 허상에 지나지 않는다. 그런 허상을 부여잡으려 하다가는 결국 감당할 수 없는 대가를 치를 수밖에 없다.

  우리는 막중한 책임감을 느끼며 모든 것을 다 바치려고 한다. 처음에는 그런 태도가 우리에게 기쁨과 열정을 가져다주었지만 나중에는 우리를 파멸로 몰아넣는 요인이 될 수 있다.

큰 상실감

  어느 날 다윗과 그의 용사들은 큰 상실감에 젖고 말았다. 다음 성경 말씀을 읽어 보자. "다윗과 그의 사람들이 성에 이르러 본즉 성이 불탔고 자기들의 아내와 자녀들이 사로잡혔는지라 다윗과 그와 함께한 백성이 울 기력이 없도록 소리를 높여 울었더라" 삼상 30:3-4.

> 하나님의 사랑은 변하지 않는다. 그분은 우리를 사랑하시며 우리의 삶을 위한 계획을 가지고 계신다. …… 하나님은 여전히 주권자이시다. 그분은 지금도 보좌에 앉아 계신다.
> _빌리 그레이엄

그런 감정을 느껴 본 적이 있는가? 사랑하는 사람의 죽음, 사역의 실패, 교회의 분열, 실직, 이혼 역시 우울증 유발 요인에 해당한다. 특히 마음의 여력이 부족하고, 문제를 신속히 해결해 원상태로 돌려놓을 수 없는 상황에서는 더욱더 그렇다.

선의의 조언자들도 종종 심상한 해결책을 제시해 고통을 더욱 악화시키는 경우가 많다. 그들은 대수롭지 않다는 듯이 말한다. "극복하세요, 모두 잊고 앞만 보세요, 강해지세요, 하나님은 전능하십니다, 우리 함께 나아갑시다."

하지만 그런 말들은 아무리 의도가 좋더라도 전혀 도움이 되지 않는다. 우리는 그리스도 안에서 하나님의 자녀들이지만 또한 살과 피로 이루어진 인간이다. "이는 저가 우리의 체질을 아시며 우리가 진토임을 기억하심이로다"시 103:14라는 시편 저자의 말처럼 심지어 하나님께서도 그 사실을 잘 알고 계신다. 더욱이 가슴 아픈 슬픔은 쉽게 사라지지 않는다. 파도처럼 우리의 영혼을 엄습하는 모든 감정을 있는 그대로 받아들여 그 현실을 남김없이 느껴 보는 것도 슬픔을 치유하는 중요한 과정 가운데 하나다.

해결하지 못한 문제

시편 저자는 문제를 해결하지 않으면 자신의 영혼이 고통에서 벗어날 수 없다는 사실을 알았다. 그는 이렇게 부르짖었다.

"사람들이 종일 나더러 하는 말이 네 하나님이 어디 있느뇨 하니 내 눈물이 주야로 내 음식이 되었도다 내가 전에 성일을 지키는 무리와 동행하여 기쁨과 찬송의 소리를 발하며 저희를 하나님의 집으로 인도하였더니 이제 이 일을 기억하고 내 마음이 상하는도다 내 영혼아 네가 어찌하여 낙망하며 어찌하여 내 속에서 불안하여 하는고" 시 42:3-5.

자신의 상황을 통제할 수 없었던 시편 저자는 깊은 슬픔과 절망을 경험했다.

해결하지 못한 문제는 갚지 못한 채무와 같다. 그것은 문제가 있다는 사실을 알면서도 그것에 대처할 능력이 없는 상황이다. 그런 경우에는 여러 가지 징후가 나타나고, 경계해야 할 요인들이 발생해도 영혼의 내면이 온통 썩을 대로 썩을 때까지 모두 무시하고 억누르는 것이 보통이다. 그런 상황은 에너지를 고갈시키고, 감정을 서서히 피폐하게 만든다. 그러다 보면 머지않아 모든 힘을 잃고 절망의 늪에 깊이 빠져든다.

문제 자체는 우리를 파괴하지 못한다. 우리를 파괴하는 것은 해결하지 못한 문제다. 그러한 문제는 우리의 내면을 끊임없이 괴롭히며 두려움을 양산한다. 그럴 때면 우리는 과거 안에 살 수밖에 없으며, 내일의 희망이 모두 사라지는 듯한 심정을 느낀다. 해결하지 못한 문제는 만성 질병, 근로 스트레스, 관계상의 문제, 가족의 갈등과 불화를 초래한다. 결코 환영할 수 없는 그런 징후들은 우울증을 유발하는 요인

> 인격은 편안하고 고요한 상황에서 발전하지 않는다.
> 시련과 고난을 겪어 봐야만 비로소 영혼이 강해지고, 비전이 또렷해지며,
> 성취욕이 불타오르고, 성공할 수 있다.
> _헬렌 켈러

으로 작용한다.

경제적 스트레스

경제 문제 또한 우울증을 악화시킬 수 있다. 결혼생활의 갈등 가운데 경제 문제가 원인으로 작용하는 경우가 전체의 50퍼센트를 웃돈다. 경제 문제로 인한 갈등은 분노와 논쟁과 무력감을 야기할 뿐 아니라 황폐한 인생관을 갖도록 유도한다. 또한 경제 문제는 직업이나 목회사역에서 이루어지는 결정에 지대한 영향을 미치는 것은 물론, 사람들의 기대에 과도하게 반응하도록 이끈다.

탁월해야 한다는 강박관념

> "백성이 각기 자녀들을 위하여 마음이 슬퍼서 다윗을 돌로 치자 하니 다윗이 크게 군급하였으나 그 하나님 여호와를 힘입고 용기를 얻었더라" 삼상 30:6.

지도자는 현미경 아래 놓여 있는 신세다. 지도자는 잘못된 선택의 책임자이자 비난을 뒤집어쓰는 희생양이다.

최근에 어떤 교인으로부터 편지 한 통을 받았다. 그는 자기에게 전화를 걸어 안부를 묻지도 않았고, 또 어느 주일에는 자신이 교회에 나오지 않았는데도 오히려 나보고 사역을 제대로 이행하지 않았다고 불평했다. 더욱이 그는 지난번에 다녔던 교회에서도 목회자가 제대로 신

> 상처는 흙에 기록하고, 유익은 대리석에 새겨라.
> _벤자민 프랭클린

경을 써 주지 않았다면서 마치 그것이 아내와 이혼하는 계기가 된 것처럼 말했다.

우리가 무슨 일을 하든지 일부 사람은 불평을 토로하기 마련이다. 항상 다른 사람들을 실망시킨다고 생각할 필요는 없다. 그런 생각은 우울증을 유발하는 요소로 작용한다.

영혼의 고통

우울증은 단순히 감정상의 문제가 아니다. 우울증은 삶의 모든 영역에 파고든다. 우울증은 슬픔과 우울한 행동을 유발시키지만 단지 그런 현상에 그치지 않는다. 기관지염이 걸리면 항생제를 처방받아야 하듯이 우울증은 반드시 치료해야 할 질병이다.

> "주의 구원의 즐거움을 내게 회복시키시고 자원하는 심령을 주사 나를 붙드소서" 시 51:12.

나는 의료 전문가가 아니다. 따라서 여기에서 처방전을 기대해서는 안 된다. 약물 복용은 쾌활한 마음을 회복하는 치유 과정에 도움이 될 수 있지만 그렇다고 우리를 물속에서 완전히 건져 내지는 못한다. 병원 치료에만 의존한 채 우울증의 근본 요인을 제거하지 못하면 약물 치료 효과는 일시적일 뿐이다.

연구조사에 따르면 만성 우울증을 앓는 사람의 경우에는 뇌 신경전달물질이 감소한다고 한다. 뇌 신경전달물질 가운데 하나인 세로토닌은 개개의 뇌세포를 연결시켜 사고와 감정이 정상적으로 이루어지도록 돕는 기능을 한다.

항우울제는 우울증을 초래하는 신경전달물질의 불균형을 치유하는 데 초점을 맞춘다. 어떤 약물은 신경전달물질의 불균형을 해소하고, 세로토닌이 필요한 양만큼 분비될 수 있도록 돕는다. 오늘날에는 우울증 치료제가 많이 나와 있다. 하지만 약물을 복용할 때는 우울증에 대한 정확한 이해가 선행되어야 한다. 다시 말해 어떤 종류의 약물이 자신의 상태에 가장 잘 맞는지를 파악해야 한다.

혹시나 삶 속에서 우울증의 징후가 나타나고 있지는 않은가? 만일 그렇다면 우울증에 걸릴 가능성이 높다. 따라서 우리의 여정을 계속하는 동안 그러한 경고 사인에 각별히 주의를 기울여야 한다.

성찰의 시간　LEADING ON EMPTY

나는 우울증을 앓았던 목회자 가운데 한 사람이다. 나는 또한 C형 간염도 앓고 있다. 솔직히 말해 아직도 이따금 우울증에 시달린다. 나는 많은 양의 인터페론을 복용하기 시작했고, 넉 달이 채 못 되어 간염 증상이 사라졌다. 우리는 기뻐했고, 나는 남은 치료를 받았다. 하지만 1999년 9월 간염이 재발했다는 진단을 받았다. 일 년이 넘게 계속된 치료로 인해 나는 만신창이가 되고 말았다. 우리 교회는 2001년 9월 9일, 그러니까 9.11테러사건이 일어나기 이틀 전에 청지기 캠페인을 시작했다. 건축 공사가 진행되는 동안에 계획을 잘못 세워 건축 비용이 처음에 예산했던 액수보다 백만 달러나 더 필요해졌다. 우리는 그 차이를 메우기 위해 두 번째 청지기 캠페인을 실시했다. 그 일이 진행되는 동안 친한 친구 하나가 폐암으로 사망했다.

하나님이 과연 어디에 계신지 궁금해지기 시작했다. 나는 사람들을 피했다. 목회 사역의 기본 활동은 그럭저럭 감당했지만 리더십에 관한 중요한 문제가 대두되는 경우에는 무기력하게 머뭇거렸다. 당시 나는 전화 한 통화를 걸 힘조차 내기 어려웠다. 너무나도 우울해 손가락 하나 까딱하기도 힘들었다. 현관 진입로에 차를 몰고 들어가서는 엔진 시동을 켠 채로 가만히 차 안에 앉아 있었다. 엔진 시동을 끌 힘이 남아 있지 않기 때문이다. 마음이 너무 낙심되어 죽고 싶은 마음과 늘 사투를 벌여야 했다. 가족들은 내 상황을 잘 이해하지 못했다.

나는 모든 것을 잘 위장할 수 있었다. 나의 상황을 알고 있는 사람은 거의 없었다. 나는 여전히 설교를 잘 했고, 그럴싸한 유머감각으로 교인들에게 좋은 인상을 심어 주었다. 하지만 사람들의 눈에 비친 나와 혼자 있을 때의 나 사이에 생긴 균열이 점차 커지기 시작했다.

어느 날 아내를 바라보며 말했다. "나에게 문제가 생겼소. 무엇인가 조처를 취해야 하오." 그 즈음 아내는 이미 나의 상황을 알고 관심을 기울였다. 우리는 필요한 일을 의논했다. 나는 우리가 알고 있는 문제를 해결해야 했다.

— 미드웨스트 교회 담임목사 이야기

04

초기 경고 신호에 귀를 기울이라

"우울증의 초기 증상은…… 정신적 피로, 고뇌, 낙담, 침묵, 반목…… 때로는 살고 싶기도 하고 때로는 죽고 싶기도 한 욕망, 자신을 해치려는 모종의 음모가 진행되고 있다는 의심 등이다."
_메서디스트 의학 전문학교, 카엘리우스 아우렐리아누스(5세기)

2004년 12월 26일, 인도네시아 해안에서 발생한 리히터 규모 9.1의 지진으로 인해 쓰나미가 일어났다. 진원지는 인도네시아 수마트라 근처였고, 그로 인한 쓰나미는 11개국을 덮쳐 225,000명이 넘는 인명을 앗아 갔다. 쓰나미는 일부 해안지역 마을들을 30미터 높이의 파도로 휩쓸어 버렸다. 가장 큰 타격을 입은 지역은 인도네시아와 스리랑카였다.

그로부터 며칠 후 우리 교회 구호 팀에 합류해 스리랑카 남부 해안에 위치한 페랄리야 지역에서 구호 활동을 벌였다. 우리는 여러 가지 임시 가옥을 세우고, 병원을 짓고, 음식을 나눠 주었다. 당시 구호 활동을 벌였던 기독교 신자 가운데 오스트레일리아에서 온 앨리슨 톰슨이라는 여성이 있었다. 그녀는 페랄리야의 '자비의 천사'로 불렸다. 그녀는 바틱 스커트와 낡은 슬리퍼 위까지 내려오는 쿠르타 형태의 겉옷을 입고 있었다. 우리가 보기에도 마을 사람들은 그녀를 몹시 좋아하는 듯했다. 우리는 서로 손을 맞잡고 재난을 당한 사람들에게 희망을 전

> 재난의 결과를 극복할 수 있는 첫 단계는
> 이미 벌어진 상황을 그대로 인정하는 것이다.
> _윌리엄 제임스

하고, 그들의 미래를 되찾아 주려는 노력에 동참했다.

이미 일어난 일을 원상태로 되돌릴 수는 없었지만 그들의 미래를 위해 우리가 해야 할 일을 하기 위해 최선의 노력을 기울였다. 우리는 쓰나미의 징후를 사전에 포착해 해안 지역 거주자들에게 고지대로 피해야 할 상황이 닥쳤음을 알려 줄 수 있는 조기 경보 체제를 구축했다. 물론 그에 대한 비용은 모두 우리가 부담했다. 쓰나미를 예방할 수는 없지만 초기 경보 체제는 사람들의 목숨을 구하는 것은 물론, 그들의 경계심을 독려할 수 있을 것이다.

우울증 초기 증후

초기 징후는 적절히 감지할 수만 있다면 도움이 필요하다는 신호로 작용할 수 있다. 물론 경보 체제가 우울증 유발을 꼭 예방해 준다는 보장은 없다. 하지만 경각심을 독려해 우울증을 극복할 수 있는 활력을 제공할 수는 있다. 경고 신호에 관심을 기울이면 피해를 최소화할 수 있다. 우울증 초기 징후는 개인마다 다를 수 있지만 대개 아래와 같은 징후를 드러낸다.

절망감

우울증에 걸린 사람들은 삶이 더 나아질 수 없다고 생각한다. 그들은 발전에 대한 희망이 없다. 그들은 스스로를 비관적으로 바라보며, 자신의 상황을 피할 수 없다고 믿으며, 미래 또한 황폐하기만 할 것이라고 결론짓는다. 그들은 지속되는 슬픔, 무관심, 우울한 중압감에 시달린다.

잦은 눈물

또 다른 초기 징후는 상황을 통제할 수 없다는 감정이다. 감정이 쉽게 짓눌리는 사람은 여느 때보다 눈물을 훨씬 더 자주 흘린다.

집중력 저하

우울증의 매우 흔한 징후는 오랫동안 집중력을 발휘하기 어렵다는 것이다. 우울증과 씨름하는 사람이 항상 피로를 느끼는 이유는 사람들과의 관계를 유지하기 위해 너무 많은 감정 에너지를 쏟아 붓기 때문이다.

우유부단함

우울증은 반대 감정 병존 현상과 불확실성을 유발시켜 합리적인 결정을 방해한다. 이런 경우 결정을 내리는 책임이 종종 다른 사람들에게 위임된다.

초조함

우울증에는 신경과민, 성마름, 짜증과 같은 현상이 수반된다. 이런 현상은 휴식과 회복과 치유를 갈망한다는 증거다. 우울한 사람은 돌파구를 찾지 못할 경우 마치 올무에 걸린 듯한 심정을 느끼며 종종 주변

> 자리를 박차고 일어나 올바른 일을 하려고 노력하면
> 어둠 속에서 반드시 새벽이 올 것이라는 강한 희망이 시작된다.
> 포기하지 말고 조용히 기다리며 일하라.
> _앤 래모트

사람들에게 분노를 터뜨린다.

불면증

수면 장애는 우울증의 가장 흔한 징후 가운데 하나다. 잠을 자고 싶은데도 쉽게 잠이 들지 않는다. 불면증은 우울증이 유도하는 나락으로 더욱 깊이 빠져들게 만드는 데 톡톡히 한몫을 거든다. 즉 잠을 자지 못하면 에너지가 더욱 고갈되어 다음날에 해야 할 일에 흥미를 잃을 수밖에 없다. 한편 잠이 들더라도 다시 일어나기가 힘들어진다. 침대에 무작정 누워 있고만 싶기 때문이다. 불규칙한 수면은 정상적인 생활을 방해한다.

시편 저자 아삽도 그와 비슷한 상황에 처한 적이 있었다. 그는 시편 77편에서 이렇게 말했다.

> "내가 하나님을 생각하고 불안하여 근심하니 내 심령이 상하도다 주께서 나로 눈을 붙이지 못하게 하시니 내가 괴로워 말할 수 없나이다" 3-4절.

아삽은 자신의 삶에서 일어나는 일들에 대해 혼란을 느꼈고, 그에 대한 책임을 하나님께 돌렸다. 그의 잘못된 결론은 희망의 상실로 이어졌고, 그는 이른 새벽에도 몸을 뒤척이며 괴로워해야 했다.

활동 감소

> 불안은 내일의 슬픔을 없애지 못하고 단지 오늘의 힘을 고갈시킬 뿐이다.
> _찰스 스펄전

우울한 사람은 그룹 활동은 물론 삶 전반에 크게 흥미를 느끼지 못한다. 지속적인 흥미를 유지하기가 힘들어질 뿐 아니라 문제를 해결할 능력이나 정상 활동을 유지할 수 있는 에너지가 부족해진다. 하나님이 멀리 떠나 계신 듯한 생각이 들고, 전에 휴식을 가져다주었던 활동(예를 들면 기타나 피아노 연주)에서 더 이상 만족을 느끼지 못한다.

혼자라는 느낌

엘리야는 우울한 감정에 짓눌리는 순간 자신이 세상에서 가장 외로운 사람이라는 생각에 사로잡혔다. 그는 이렇게 말했다.

> "내가 만군의 하나님 여호와를 위하여 열심이 특심하오니 이는 이스라엘 자손이 주의 언약을 버리고 주의 단을 헐며 칼로 주의 선지자들을 죽였음이오며 오직 나만 남았거늘 저희가 내 생명을 찾아 취하려 하나이다" 왕상 19:14.

우울한 감정에 짓눌린 엘리야는 속히 삶을 마감하고 싶은 마음이 간절했다. 그는 자신이 세상에 하나밖에 남지 않은 경건한 신자라고 생각했다. 그는 놀라운 기적을 베풀어 하나님의 백성으로부터 많은 지지를 받았는데도 불구하고 아무런 도움도 기대할 수 없는 것처럼 느꼈다. 그의 머릿속에는 오로지 악한 여왕 이세벨에 대한 생각뿐이었다. 그 결과 그는 상황을 옳게 바라볼 수 있는 안목을 상실하고 말았다. 하지만 하나님은 우울한 감정에 짓눌린 그를 놀라게 하고도 남을 말씀을

> 어려움을 극복하는 것은 곧 실존의 충만한 기쁨을 경험하는 것을 의미한다.
> _아더 쇼펜하우어

들려주셨다.

"그러나 내가 이스라엘 가운데 칠천 인을 남기리니 다 무릎을 바알에게 꿇지 아니하고 다 그 입을 바알에게 맞추지 아니한 자니라" 왕상 19:18.

하나님의 말씀은 '칠천 명이 네 편이다. 그런데 너는 어찌하여 한 사람의 말을 마치 백만 명의 말처럼 생각하는 것이냐?'라는 의미를 담고 있다.

우리는 종종 우리를 이해해 줄 사람이 아무도 없는 것처럼 생각한다. 특히 삶의 활력이 고갈되었을 때는 더욱 그렇다. 그런 때면 우리 홀로 사망의 음침한 골짜기를 힘들게 걸어가고 있다는 생각이 든다. 사방에서 압박감이 조여드는데 하늘은 아무 말도 없이 깜깜하기만 하고, 발걸음을 내디딜 때마다 진한 외로움이 몰려온다.

배우자에 대한 흥미 저하

우울증은 종종 성욕 감퇴와 배우자에 대한 흥미 저하를 수반한다. 하지만 이는 반드시 섹스 자체에만 국한되지 않는다. 거기에는 그보다 훨씬 더 많은 위험 요인이 도사리고 있다.

고립과 해방을 갈구하는 욕망이 점차 증가하면서 포르노그래피나 혼외정사와 같은 위험에 노출될 가능성이 높아진다. 헌신의 열정이 약화될수록 마음을 빼앗는 요인들의 힘은 더욱 강해진다. 오랫동안 지속

> 어려움을 극복하는 것은 곧 실존의 충만한 기쁨을 경험하는 것을 의미한다.
> _아더 쇼펜하우어

되어 온 헌신에 대한 관심은 줄어들고 대신 즉각적으로 친밀한 관계를 맺고 싶은 욕구는 더 커진다. 이런 심리 상태는 부부생활과 가족들의 관계에 문제를 일으킨다.

헌신의 열정이 약화될수록
마음을 빼앗는 요인들의 힘은 더욱 강해진다.

우울증을 앓는 사람은 알코올, 혼외정사, 마약을 비롯해 일시적이라도 고통에서 벗어날 수 있게 해 주는 것들에 의존하는 경우가 많다.

섭식 장애

우울증을 앓는 사람은 때로 식욕이 없어진다. 또 어떤 경우는 아예 음식을 거부하기도 한다. 식사 관리를 엄격하게 하는 경우나 배우자가 식사를 규칙적으로 잘 챙겨 주는 경우에는 증상이 완화될 수도 있다. 하지만 우울증에 걸린 사람을 혼자 놔두면 섭식 장애를 일으킬 가능성이 높아진다.

고통과 통증

마음이 불안하고 우울한 경우에는 흔히 두통과 복통을 비롯한 각종 통증이 유발된다. 위산과다, 가슴 쓰림, 종양과 같은 증세가 나타날 수도 있다. 내 경우에는 과도한 긴장과 스트레스로 인해 목의 신경이 손상을 입었다. 내가 치료를 시작했던 것은 유능한 치료사의 도움이 있고 나서였다.

이 밖에도 여기에 언급하지 않는 증상이 얼마든지 나타날 수 있다.

이제는 기도해야 할 차례

다음과 같은 징후가 나타났다면 심신 쇠약이나 우울증의 초기 단계에 접어들었다는 신호다.

1. 일 년 동안 혼자서 고립되어 지내는 편이 더 낫겠다는 생각이 자꾸 든다.
2. 장모와 시간을 보내는 것이 일을 하는 것보다 더 좋아 보이기 시작한다.
3. 동료 사역자가 어떻게 지내는지 궁금해 세 번이나 전화를 걸어 온다. 그러나 나는 전화번호를 변경하거나 가능하면 이사를 떠날 생각을 한다.
4. 자원자를 모집하는 등록 서류를 보면 심각한 알레르기 반응을 일으킨다.
5. 평생 즐거운 마음으로 감당해 온 사역이 더 이상 즐겁지 않다.
6. 누군가로부터 일을 잘했다는 이유로 칭찬을 받을 때 또 다른 일을 시키려는 의도라고 확신하며 의심의 눈초리로 바라본다.
7. 다른 사역자들의 눈에 띄지 않으려고 몸을 숨긴다.
8. 삶이 메마를 대로 메말랐다는 생각이 든다.
9. 은둔 생활이 더 이상 낯설게 생각되지 않는다.
10. 지루하고 짜증나는 삶이 정상인 양 생각된다.

우리는 유머를 통해 인생이 가져다주는 최악의 불행을 달랠 수 있다.
일단 웃음을 되찾으면 우리 상황이 아무리 고통스럽더라도 능히 극복할 수 있다.
_빌 코스비

우리는 종종 예수님이 과연 우울증을 앓는 우리의 심정을 알고 계실까 궁금해 한다. 누가복음의 기록은 그분이 우리의 심정을 누구보다 잘 알고 계신다는 사실을 보여 준다.

"예수께서 힘쓰고 애써 더욱 간절히 기도하시니 땀이 땅에 떨어지는 피 방울같이 되더라" 눅 22:44.

> 나를 혹한의 광야로 몰아넣었던 시련의 계절이 있었기에
> 나의 에너지를 재충전하고 나의 열정을
> 새롭게 해 주었던 성장의 계절이 가능했다.

우울증은 우리의 삶에서 활력을 앗아 가고, 우리의 영혼을 피폐하게 만드는 계절에 해당한다. 하지만 지금에 와서 돌이켜보니 나를 혹한의 광야로 몰아넣었던 시련의 계절이 있었기에 나의 에너지를 재충전하고 나의 열정을 새롭게 해 주었던 성장의 계절이 가능했다는 생각이 든다. 내가 "아버지여 만일 아버지의 뜻이어든 이 잔을 내게서 옮기시옵소서 그러나 내 원대로 마옵시고 아버지의 원대로 되기를 원하나이다" 눅 22:42 라고 말할 수 있는 시점에 도달하기까지는 시련의 계절이 필요했다.

 LEADING ON EMPTY

나는 심신 쇠약을 극복하기 위해 노력해야 했다. 하지만 동

료 간사들에게 어떻게 말해야 할지 몹시 곤란했다. 우리 간사들은 나의 상황을 극복하기가 무척이나 어렵다고 생각했다. 하지만 그들은 나를 격려하면서 '좋아요. 잠시 휴식을 취하세요'라고 말했다. 다른 간사들은 나를 위한 기도가 필요하다고 생각했고, 모두가 힘을 합쳐 어려움을 이겨 내야 할 필요성을 인식했다. 그들은 내가 고통을 받는 모습을 보고 몹시 안타까워했다. 하지만 간사들 모두가 결국에는 큰일을 해냈다. 그것은 우리삶에서 가장 어려운 두 해였다.

간사들의 가장 큰 당면 과제는 누가 지도자를 맡느냐 하는 문제였다. 그들은 지도자를 잃었다. 그들은 나 없이 모든 문제를 결정해야 했다. 그들은 단지 한 차례 전화를 걸어 정보를 물었을 뿐이다. 지금 우리는 당시의 상황을 돌이켜보며, 그런 경험이 있었기에 더 나아질 수 있었다고 말한다.

간사들이 나에게 휴식을 취하라고 말하던 날 나는 곧 사역을 중단했다. 당시만 해도 다른 사람들과 일을 하는 것이 감정적으로 거의 불가능했다. 하지만 나중에 다시 돌아와서는 그들에게 안식년을 보냈던 일을 이야기해 주었다. 그들은 내가 돌아온 것을 고맙게 생각했다. 나도 역시 그랬다.

지금도 이따금 우울증과 씨름을 하곤 한다. 나는 우울증이 시작되는 것을 느낄 수 있다. 그럴 때면 내가 '우울증의 미끄러운 비탈길'이라고 일컫는 경고 신호를 곰곰이 생각하곤 한다.

우울증이 도질 때가 되면 나는 내가 선택권을 가지고 있다는 사실에서 위안을 찾는다. 선택의 여지가 없다고 생각하면 영락없이 희생자가 될 수밖에 없다. 하지만 우리는 선택할 수 있다.

일단 우울증이 도지면 쉽게 빠져나올 수 없다. 나는 우울증도 중독성이 있다고 생각한다. 그런 경우에는 우울증이 오히려 위로처럼 느껴진다. 감정이 침울해지는 것을 싫어하면서도 오히려 절망감이 위로로 느껴진다. 우울증이 도피처가 되는 것이다. 우리는 우울증에 굴복하지 않는 길을 선택해야 한다.

나는 린 페인의 〈치유의 임재 The Healing presence〉를 읽고 많은 도움을 얻었다. 그녀는 왜곡된 자기 성찰은 죄가 될 수 있다고 말했다. 다시 말해 하나님이 우리를 바라보시는 관점을 생각하지 않거나 또 눈을 돌려 그분을 바라보지 않고, 우리가 우리 자신을 비판적으로 바라보는 것은 죄에 해당한다. 나는 나를 비판적으로 바라보지 않고 나를 친절하게 대하는 법을 터득했다. 나는 비록 부끄러운 일을 저질렀더라도 수치감이 나를 지배하지 못하도록 노력한다.

― 캘리포니아 출신 기독교 지도자의 이야기

05

깊은 자아 성찰을 통해 성장하라

"목회자의 능력이 아니라 그의 영적 건강을 최우선 순위로 삼는다면
오늘날의 교회가 얼마나 더 효율적인 사역을 행할 수 있을지 궁금하다." _필립 얀시

사막 교부들이 광야로 나갔던 이유는 그곳의 단순한 삶이 정신을 맑고 고요하게 해 주었기 때문이다. 그들은 잡다한 생각을 떨쳐 버리고 오로지 하나님의 음성에만 귀를 기울였다. 그들은 적막한 광야에서 기도와 명상을 통해 하나님과 교통했다. 그러면서 새 힘을 얻으면 다시 돌아와 가르치고, 조언하고, 영적 결정을 내리고, 목양 사역에 심혈을 기울였다. 그러고는 다시 때가 되면 광야로 돌아가 재충전의 시간을 가졌다. 광야와 사역 현장을 오갔던 그들의 습관은 오늘날의 바쁜 목회자들이 반드시 본받지 않으면 안 될 삶의 원리다.

자아 성찰

적막한 수도원 오두막에서 홀로 지내는 동안 일종의 해체 작업이 계속되었다. 수도사들은 침묵 속에서 자신들의 의무에 열중했고, 나는 자유롭게 묵상하고 반성하고 글을 쓸 수 있었다. 나는 A4

> 어떤 사람들은 고요를 참지 못한다. 그 이유는 그것이 그들 내면의
> 빈곤함을 드러내기 때문이다. 하지만 고요는 지혜로운 사람에게는
> 백향목 궁궐과도 같다. 왜냐하면 황송하게도 지극히 아름다우신 임금께서
> 그 거룩한 궁전을 거니실 것이기 때문이다.
> _찰스 스펄전

용지 수십 장에 고백, 고통스런 울부짖음, 내게 필요한 삶의 변화 등을 빼곡하게 적어 넣었다. 당장에 변화가 필요한 문제도 있었고, 일 년 내에 완수해야 할 문제도 있었고, 앞으로 십 년 동안 꾸준히 노력해야 할 문제도 있었다. 내가 해야 할 일들을 적은 목록에는 건강 문제가 최우선 순위를 차지했다. 현재의 나, 곧 무엇이든 거절할 줄 모르는 내가 되기까지 나의 내면에서 어떤 요인들이 영향을 미쳤는지 알아야 했다. 기대했던 것을 모두 이루지 못했다는 죄의식을 느꼈던 까닭은 지나친 성취욕 때문이었다.

내 삶의 방식을 재조정하는 것이 필요했다. 즉각적인 변화는 힘들 테지만 결국에는 반드시 그렇게 되어야 했다. 하지만 살아가는 동안 늘 나를 따라다니면서 느닷없이 기습 공격을 가해 나를 다시 옛 습관으로 되돌려 놓을 수 있는 감정의 문제를 솜씨 있게 극복할 수 있는 방법을 찾는 것이 필요했다. 다시 말해 일단 삶의 방향을 재설정한 뒤에는 흔들리지 않고 그 길을 걸어가야 했다.

어떤 날에는 몇 시간이고 나의 생각을 종이에 옮겨 적었으면서 나의 고통과 실망을 상세히 묘사하기도 했고, 또 어떤 때에는 내면의 고통과 연약함을 합리적으로 설명할 수가 없어 몇 시간이고 물끄러미 주변 해안의 숲을 응시한 적도 있었다.

스스로 선택한 짧은 망명생활을 마치고 집으로 돌아온 나는 나의 생각과 활동 가운데 많은 것을 재조정해야 할 필요가 있었다. 나는 나의 에너지를 채워 주는 것과 고갈시키는 것을 구별하는 법을 터득해야 했

> 번영이 위대한 스승이라면 역경은 그보다 더욱 위대한 스승이다.
> _윌리엄 해즐릿

다. 그리고 우울증의 징후를 식별하고 약물 치료에 의존하기보다 미리 우울증이 발작하는 것을 예방하는 법을 배워야 했다. 그러려면 일이나 생각을 새롭게 조정하지 않으면 안 되었다.

> 고독은 영혼을 새롭게 하기 위해 일부러 선택한 외로움을,
> 고립은 고독을 무시했을 때
> 우리가 간절한 갈망을 느끼는 것을 각각 가리킨다.

무엇보다 새로운 사고방식을 구축하는 것이 필요했다.

수도원에서 시간을 보내는 동안 고독과 고립의 차이를 깨달았다. 그 둘은 비슷한 특성을 지니고 있는 듯하지만 사실은 완전히 다르다. 고독은 영혼을 새롭게 하기 위해 일부러 선택한 외로움을, 고립은 고독을 무시했을 때 우리가 간절한 갈망을 느끼는 것을 각각 가리킨다.

여러 날 동안 하나님께서 나에게 가르쳐 주신 것을 묵상하며 기록했다. 내가 의식하지 못했던 징후는 무엇일까? 또 분명히 의식하고 있으면서도 무시해 버린 경고 신호는 무엇일까? 나를 벼랑 끝에 몰아세운 것과 나를 짓누르는 것이 무엇인지 조용히 생각해야 했다.

당시 상황을 설명하기는 좀 어렵다. 그것은 마치 거울을 들여다보며 몇 년 만에 처음으로 나 자신에게 나를 소개하고, 내가 어떤 모습으로 변해 왔는지를 살펴보는 것과 같았다. 때로 우리는 노를 젓는 데 너무 바쁜 나머지 가만히 멈추어 우리가 어디로 가고 있고, 어떻게 되어

가고 있는지 생각해 볼 여유가 없다. 무엇인가 변화가 필요했다. 나는 아침에 일찍 일어나서 거울을 보고 내가 되어 가고 있는 사람이 누구인지 확인하고 싶었다. 하지만 당시에는 그러지 못했다.

> "네가 만일 돌아오면 내가 너를 다시 이끌어서 내 앞에 세울 것이며 네가 만일 천한 것에서 귀한 것을 취할 것 같으면 너는 내 입같이 될 것이라" 렘 15:19.

수도원에서 홀로 지내는 동안 나는 자아를 깊이 성찰하기 시작했다. 하나님은 내가 오랫동안 옳다고 믿었던 그릇된 생각들과 두려움을 깨우쳐 주셨다. 물론 그것들을 반드시 죄라고는 말할 수 없지만 여러 가지 점에서 전반적으로 파괴적인 영향을 미쳤던 것은 분명하다.

목회 사역을 하는 동안 우리는 통찰력, 직관, 판단, 분별과 같은 수단에 의존한다. 그런 수단들을 갈고 닦으면 훌륭한 지도자가 될 수 있다. 하지만 조심하지 않으면 부정확한 추론과 섣부른 결론을 내리는 잘못을 범할 수 있다. 균형을 유지하려면 현실을 정확히 파악하는 능력을 기르는 데서부터 출발해야 한다.

나는 수도원에서 처음 이틀 동안 나의 영혼을 피폐하게 만들었던 과정을 추적하는 데 관심을 집중했다. 나는 문제의 원인, 곧 나를 거듭해서 옭아매는 숨겨진 덫을 찾아내야 했다. 문제의 원인을 찾는 시간은 너무나도 힘들고 고된 시간이었다. 내가 원하는 대답을 쉽게 얻기가 어려웠다. 하나님이 일부러 그러시는 것처럼 느껴졌다. 하나님은 내가 그분과 더욱 깊은 교제를 나누면서 내가 처음에 생각했던 것보다 훨씬 더 많은 원인을 발견하기를 원하시는 듯했다.

유지 보수가 필요한 삶

2006년, 미 연방 항공국은 DC-10 기 한 대가 엔진 고장을 일으켜 213명의 사망자를 내자 모든 항공사의 DC-10기에 이륙 금지령을 발효했다. 비행기의 결함은 하루 하침에 발생한 것이 아니라, 유지 보수를 무시해서 생긴 결과였다.

심신의 건강에 이상 징후가 발생한 것도 내가 실망감과 분노를 비롯해 온갖 부정적인 감정의 신호를 오랫동안 무시한 데 그 이유가 있었다. 더 이상 그러한 감정을 무시한 채 내 삶에 방치해 두어서는 곤란했다. 나는 내면의 성찰을 시도했고, 성령님의 인도하심과 깨우치심에 힘입어 오랫동안 간과해 온 여러 가지 약점을 발견했다.

아버지는 선임 하사로 군대에 복무했다. 그분은 우리 형제들에게 강인한 정신과 애국심을 길러 주기 위해 노력했다. 따라서 무엇을 하면 끝까지 인내하며 어떤 희생을 치르더라도 반드시 성공과 승리를 거두어야 한다는 생각이 어렸을 때부터 나의 뇌리에 깊이 뿌리를 내렸다. 그것은 내가 다시 고쳐 배워야 할 삶의 습관이었다. 나는 내면의 동기와 나의 행동을 유도하는 고정관념을 다시 생각하는 시간을 갖지 못했다. 수도원에서 지냈던 시간은 그런 일을 할 수 있는 기회를 내게 주었다.

나는 나의 영혼을 피폐하게 만들었던 원인을 찾고, 또 찾았다. 하지만 그것뿐만 아니라 나는 또한 나의 삶에 실질적으로 영향을 미치는 고질적인 문제를 파악해 처리하지 않으면 안 되었다. "가난한 자는 항상 너희와 함께 있거니와" 마 26:11라는 말씀대로 내 삶에는 아무리 노력해도 결코 해결할 수 없어 보이는 문제들이 존재한다는 사실을 나는 잘 알고 있었다.

관심인가 책임인가?

우리는 늘 걱정과 염려를 달고 산다. 가족들에 관해 염려할 것이 없으면 이웃에게서 염려할 것을 찾고, 이웃에게서도 염려할 것이 없으면 다른 주나 다른 나라에 사는 사람들에게서 염려할 것을 찾는다. 아마 화성에 사람들이 살고 있기라도 한다면 우리는 그들도 염려할 것이 분명하다.

다른 사람의 활동이 미흡하거나 리더십이 부족한 현상이 나타나면 그것이 마치 우리의 책임인 양 걱정한다. 그런 때면 우리는 크게 우려를 표명하면서 점심식사 때 험담을 늘어놓는 등 그 일을 대화의 주제로 삼기를 주저하지 않는다. 물론 당연히 관심을 기울여야 할 테지만 그것을 우리의 책임으로 받아들여서는 곤란하다.

성급하게 결론을 내려서는 안 된다. 단순한 걱정과 개인적인 책임을 구별하는 법을 배우는 것이야말로 우리의 사역과 가정과 심신의 건강을 온전하게 유지할 수 있는 첩경이다. 단순한 걱정을 개인적인 책임으로 받아들인다면 결국에는 혼란에 빠져 스스로의 에너지를 고갈시키는 계기가 된다. 성경은 이렇게 말씀한다.

"길로 지나다가 자기에게 상관없는 다툼을 간섭하는 자는 개 귀를 잡는 자와 같으니라" 잠 26:17.

우리를 걱정하게 만드는 일이 발생할 때면 어떻게 해야 할까? 중보기도를 드리면서 간절히 기도하면 된다. 하나님 앞에 엎드려 모든 걱정근심을 그분께 맡겨라. 하루에 몇 번이라도 그렇게 기도를 드릴 수 있다. 그러면 하나님은 '내가 책임지마'라고 말씀하신다.

다음은 바울이 빌립보 신자들에게 보낸 편지의 일부다. 그 내용을 깊이 묵상하기 바란다.

"주 안에서 항상 기뻐하라 내가 다시 말하노니 기뻐하라 너희 관용을 모든 사람에게 알게 하라 주께서 가까우시니라 아무것도 염려하지 말고 오직 모든 일에 기도와 간구로 너희 구할 것을 감사함으로 하나님께 아뢰라 그리하면 모든 지각에 뛰어난 하나님의 평강이 그리스도 예수 안에서 너희 마음과 생각을 지키시리라" 빌 4:4-7.

아무리 많은 상담자를 찾아가 아무리 많은 비용을 들여도 이보다 더 나은 조언을 구할 수는 없다. 성경은 "아무것도 염려하지 말고 오직 모

> 내가 아는 가장 행복한 사람은 범사에 여유를 갖고 행동하며
> 스트레스를 일으키는 염려와 두려움을 모두 하나님의 선하심에 맡기는 사람이다.
> _찰스 스윈돌

든 일에……감사함으로 하나님께 아뢰라"고 말씀한다. 이처럼 우리가 하는 근심걱정은 대부분 정당한 우려와 개인적인 책임을 구별하지 못하는 데서 비롯한다. 우리는 걱정과 책임을 한데 뭉뚱그려 생각함으로써 온 세상의 짐을 혼자서 다 짊어지려고 한다.

앞으로 한 달밖에 더 살지 못한다면
더 이상 중요하게 생각하지 않아도 될 일들이
놀라울 정도로 많다는 사실을 깨달을 것이다.

성경은 모든 근심을 예수님의 발 앞에 내려놓고, 우리가 진정으로 감당해야 할 의무와 책임에 시간과 정성을 쏟는 것이 바람직하다고 가르친다. 나는 그러한 성경의 가르침에 따르기로 결심했다. 하지만 그러한 목표를 향해 정확히 나아가기까지는 아직도 많은 시간이 필요했다.

가장 중요한 것

내 생각을 종이 위에 기록하다 보니 우스운 생각이 떠올랐다. 노란 종이 패드는 나의 막역한 친구이자 상담자 겸 정신과 의사 역할을 했다. 나는 내가 던지는 질문에 스스로 대답하며 마음에서 느껴지는 두려움을 종이 위에 모두 쏟아 놓았다.

그러던 중 고등학교 시절 수학시간에 있었던 일이 생각났다. 등식을 풀기 위해서는 공통분모를 찾아야 했다. 그것이 문제를 푸는 첫 번

째 출발점이었다. 나는 나의 삶에서도 그러한 요소를 찾아내야 한다는 사실을 깨달았다.

앞으로 한 달밖에 살지 못한다면 더 이상 중요하게 생각하지 않아도 될 일들이 놀라울 정도로 많다는 사실을 발견할 것이다. 그 가운데 몇 가지를 예로 들면 다음과 같다.

- * 동료 사역자가 화가 나서 나에게 한 말
- * 친구에게 꿔 준 돈을 받지 못한 일
- * 사장이 봉급 인상에 소홀히했던 일
- * 다른 동료가 전망이 좋은 사무실을 차지한 일

살아갈 날이 한 달밖에 남지 않았다면 이러한 문제들은 더 이상 중요하지 않다. 그런 상황에서 그런 문제에 집착하는 것은 참으로 불합리하고 어리석은 일이다. 단지 남은 하루하루를 귀하게 생각하며 가장 요긴한 일에 사용하는 것으로 족하다.

우리는 앞으로 살아갈 날이 얼마나 남아 있는지 알지 못한다. 그런 생각을 하면 우리의 인생은 그야말로 한없이 소중할 뿐이다.

나는 내가 구하는 대답을 얻으려면 내 삶을 절대적으로 중요한 몇 가지 일, 곧 나에게 영향을 미칠 뿐 아니라 앞으로 남아 있는 나의 에너지와 노력을 온전히 쏟아 부어야 할 일에 관심을 집중해야 한다는 사실을 깨달았다. 다시 말해 오직 나만이 할 수 있는 일, 즉 다른 사람들에게 위임하거나 떠넘길 수도 없고 간과해서도 안 될 일에만 관심을 기울이는 것이 필요하다. 그런 일들이야말로 하나님이 장차 내게 책임을 물으실 일들에 해당한다.

오직 나만이 할 수 있는 일에만 관심을 기울여야 한다.

코카콜라사 최고경영자였던 브라이언 다이슨은 1996년에 조지아공과대학교에서 개학식 연설을 한 적이 있었다. 그는 인생에서 가장 중요한 일을 구별할 수 있는 특징을 비유를 들어 설명했다.

> 인생을 공중에 공 다섯 개를 던지고 받는 묘기로 생각해 봅시다. 그 공들은 각각 일, 가족, 건강, 친구, 영혼을 상징합니다. 우리는 그 공들을 모두 공중에 떠 있게 해야 합니다. 일을 상징하는 공은 고무공입니다. 그 공을 떨어뜨리면 다시 튀어 오릅니다. 하지만 가족, 건강, 친구, 영혼을 상징하는 나머지 공들은 모두 유리로 만들어졌습니다. 그것들 가운데 하나를 떨어뜨리면 깨지고, 흠이 생기고, 금이 가고, 산산이 부서지는 등 돌이킬 수 없는 피해가 발생합니다. 한 번 떨어진 공은 더 이상 이전과 같지 않습니다. 여러분은 그 사실을 명심하고 인생의 조화와 균형을 유지하는 데 노력을 기울여야 합니다.

내가 공을 떨어뜨려 문제가 발생했는데도 하나님이 나에게 또 다른 기회를 허락하신 것은 순전히 그분의 은혜였다. 물론 그렇다고 해도 내가 해야 할 몫이 있었다. 이제는 나의 삶에서 가장 중요한 우선순위를 구별해야 할 때가 되었다.

가장 중요한 5퍼센트

치유와 휴식이 가능하려면 먼저 인생의 가장 중요한 5퍼센트가 무엇인지부터 알아야 한다. 나는 이 중요한 원리를 나의 책 〈거룩한 스승The Drvine Mentor〉에서 언급한 바 있다. 그 핵심을 간단히 요약하면 다음과 같다.

우리가 행하는 일 가운데 85퍼센트는 아무나 다 할 수 있다. 예를 들면 이메일 점검, 메시지 응답, 모임 참석, 신문이나 잡지 구독, 간단한 결정 등이다. 그런 일들은 전문 기술이나 특별한 재능을 요구하지 않는다. 그런 일들은 대부분 다른 사람들에게 부탁할 수 있는 일이다. 그런 일들을 줄이면 우리에게 주어진 가장 중요한 일에 몰두할 수 있다.

또한 우리가 행하는 일 가운데 10퍼센트는 약간의 훈련을 받은 사람이면 누구나 할 수 있다. 우리도 훈련을 받았기 때문에 우리의 일을 할 수 있듯이 우리와 비슷한 능력을 지닌 사람이라면 누구든지 적절한 훈련만 거치면 컴퓨터 프로그램을 가동하거나 문제를 해결하거나 모임을 주관하거나 우리가 하는 일을 얼마든지 맡아서 처리할 수 있다. 적절한 학교 교육과 경험만 있으면 수술도 할 수 있고, 프로젝트도 처리할 수 있고, 부동산을 매매할 수도 있다. 그런 일들은 훈련받은 사람들이면 누구나 할 수 있다.

하지만 우리가 행하는 일 가운데 마지막 5퍼센트는 오직 우리 자신만이 할 수 있다. 바로 그 일이 우리에게 가장 중요한 5퍼센트에 해당한다. 그런 일은 다른 사람들에게 위임할 수 없다. 그런 일들은 오직 나만이 할 수 있기 때문에 다른 사람을 고용해 나 대신 일을 시킬 수 없다. 이 5퍼센트가 나머지 95퍼센트에 정당성을 부여한다. 그것이 바로 내가 찾아내 내 인생의 진원지로 삼아야 할 일이었다.

나의 5퍼센트는 다른 사람의 5퍼센트와 다를 수 있다. 하지만 이러한 원리는 기혼자, 미혼자, 과부, 홀아비, 노인, 젊은이에 상관없이 모두에게 똑같이 적용된다. 자녀를 둔 부모나 자녀를 모두 떠나보낸 부모, 또는 이제 막 새 출발을 시작한 젊은 부부도 예외가 아니다.

나는 내게 가장 중요한 일, 곧 하나님이 내게 요구하시는 일을 다시 생각해야 했다. 마지막 남은 인생 동안 전심을 기울여야 할 일들에 집중하기 위해 나의 삶을 재조정하는 것이 내가 감당해야 하는 과제였다. 나는 나의 마지막 5퍼센트가 무엇인지를 찾아내야 했다. 오직 나만이 할 수 있는 일, 그것을 무시하면 내 삶 전체에 영향을 미치는 일은 과연 무엇일까? 나는 내게 주어진 책임 몇 가지를 생각해 아래와 같이 기록했다.

1. 나의 주님이시오 구세주이신 예수 그리스도와 더욱 긴밀하고 생동감 넘치는 관계를 맺는 일
2. 아내와 건강하고 진실한 관계를 맺는 일

> 하나님은 자신의 자녀들을 용광로에 집어넣으시지만
> 그들만 홀로 놔두지 않으시고 그곳에 함께 거하신다.
> _찰스 스펄전

3. 하나님을 사랑하고 서로를 사랑하는 참된 가정을 세우는 일

4. 하나님을 기쁘시게 하는 사역

5. 건강한 육체와 창조적인 영혼을 유지하는 일

6. 시간을 내어 가족과 친구들과 삶을 함께 즐기는 일

이 여섯 가지는 날마다 나의 시간과 관심을 쏟아 부어야 할 일에 해당한다. 나의 삶 전체는 이들 여섯 가지 일에 달려 있다. 이 여섯 가지 일을 소홀히한다면 그 영향이 다른 곳까지 미칠 수밖에 없다. 이 5퍼센트가 손상되었거나 무시된다면 내 인생은 그것이 다시 회복될 때까지 작동 불량 상태가 되고 만다.

우리는 대개 85퍼센트의 일로 우리의 삶을 채운다. 그런 일들을 행하는 데는 그다지 많은 노력이 필요하지 않다. 아울러 우리는 남은 여력을 다음 10퍼센트를 차지하는 일에 쏟아 붓는다. 하지만 심신 쇠약을 앓는 경우에는 그런 일조차도 나의 힘을 철저히 고갈시킨다. 결국 나는 나머지 5퍼센트가 가장 중요하다는 사실을 알면서도 그 가장 중요한 일을 행할 수 있는 힘조차 남아 있지 않은 상태로 전락한다.

얼마나 많은 일을 했느냐는 그다지 중요하지 않다.
진정 중요한 것은 하나님이 요구하시는 일을
얼마나 많이 행했느냐 하는 것이다.

가장 중요한 5퍼센트는 하나님께서 언젠가 우리에게 책임을 물으실 일을 가리킨다. 우리의 미래를 모양 짓는 것은 85퍼센트가 아니다. 또한 우리의 유산을 형성하는 것도 10퍼센트가 아니다. 그런 일들은 세상 사람들에게는 큰 인상을 심어 주고, 또 우리의 이력서를 장식하는 데는 필요할지 몰라도 하나님의 관심은 그다지 크게 끌지 못한다. 그분의 관심은 나머지 5퍼센트에 있다. 우리 영혼의 운명은 무엇을 가장 중요한 일로 삼느냐에 달려 있다.

우리가 얼마나 많은 일을 했느냐는 그다지 중요하지 않다. 진정 중요한 것은 하나님이 요구하시는 일을 얼마나 많이 행했느냐 하는 것이다.

자신에게 가장 중요한 5퍼센트가 무엇이라고 생각하는가? 잘 생각해서 아래 공란에 적어 보라.

1.
2.
3.
4.
5.
6.

> 때로는 우리 삶에 시련이 필요할 때가 있다.
> 아무 장애 없이 인생을 살아간다면 우리는 절름발이 인생을 살아갈 수밖에 없다.
> 그런 경우에는 우리의 역량을 충분히 발휘할 수 없다.
> 모든 기회를 추구하되 후회의 여지를 남기지 말라.
> _작자 미상

선택을 쉽게 하는 법

다른 것들이 우리의 관심과 시간을 빼앗는 경우 가장 중요한 5퍼센트 역시 선택 사안 중에 하나로 전락한다. 하지만 가장 중요한 5퍼센트를 다른 것들과 비교하려고 해서는 안 된다.

삶의 균형을 유지하기 위해 우리는 여러 가지 선택을 한다. 우리의 선택은 시간, 일처리 방식, 우리가 받아들이는 여러 가지 초대나 초청, 여유 시간을 보내는 법, 삶의 우선순위를 정하는 방법 등에 좌우된다.

나는 그런 선택이 쉬웠으면 좋겠다. 하나님이 의심과 위험을 제거하고 대신 자신감과 확신을 갖게 해 주신다면 얼마나 좋을 것인가! 하지만 우리 상황은 그런 식으로 전개되지 않는다.

작은 항공사에 관한 이야기 하나가 생각난다. 비행기가 이륙한 지 4시간이 지났을 때 승무원이 승객 가운데 한 사람에게 다가가서 저녁 식사를 먹겠느냐고 물었다.

그러자 승객은 '어떤 메뉴를 선택할 수 있죠?'라고 물었다.

그러자 승무원은 '그저 먹을 것인가 먹지 않을 것인가만 선택하시면 됩니다'라고 말했다.

> 똑같은 가치를 지닌 두 가지 가운데
> 하나를 결정해야 할 때 선택은 더욱 어려워진다.

똑같은 가치를 지닌 두 가지 가운데 하나를 결정해야 할 때 선택은 더욱 어려워진다. 예를 들면 빨강색 옷을 입을까, 파랑색 옷을 입을까, 캐주얼하게 입을까 정장을 할까, 집에서 저녁을 먹을까 밖에서 외식을 할까, 딸기 아이스크림을 먹을까 바닐라 아이스크림을 먹을까, 이 일을 할까 아니면 저 일을 할까와 같은 문제들이다. 하지만 한 가지 선택이 다른 선택보다 훨씬 큰 가치를 지니고 있을 때면 결정을 내리기가 상당히 수월하다.

예를 들어 집에 불이 났을 때 집 안에 있어야 할까 밖으로 뛰어나와야 할까와 같은 삶과 죽음을 가름하는 상황이나 같은 일을 하는데도 한 시간에 10달러를 주는 직장과 500달러를 주는 직장을 선택해야 할 상황이 그런 경우에 해당한다. 차이가 클수록 선택도 그만큼 쉬워지는 것이다. 과연 우리의 5퍼센트는 다른 일에 비해 얼마나 더 큰 가치를 지니고 있을까?

95퍼센트에 비해 약간의 우위를 점하는 것만으로는 충분하지 않다. 그것에 최고의 가치를 부여해야만 선택하기가 쉽고, 다른 95퍼센트와 비슷한 가치를 부여하면 선택하기가 어렵다. 후자의 경우는 결국 타협과 잘못으로 이어져 영혼의 건강과 관계에 악영향을 미친다.

마지막 5퍼센트에 최고의 가치를 부여하지 않으면 삶의 변화는 이루어지지 않는다. 우리의 믿음, 결혼, 가정, 건강은 단순히 삶의 우선순위가 아니라 일, 돈, 승진, 직위와 같은 것들과는 비교할 수조차 없는 최상의 가치를 지녀야 한다.

인생의 확고한 닻

토마스 아켐피스는 이렇게 말했다. "선하고 경건한 사람은 겉으로 행해야 할 일을 먼저 내면에서부터 가지런히 정돈한다…… 스스로를 다스리려고 노력하는 사람보다 더 격렬한 싸움을 벌이는 사람은 없다. 우리는 바로 이 일, 곧 우리 자신을 다스리고 날마다 더욱 강건해져 선을 위해 매진하는 일을 우리의 직업으로 삼아야 한다."

선한 수도사 아켐피스의 말은 중대한 결정을 내리기에 앞서 먼저 정신적으로 뚜렷한 삶의 가치관을 정립하는 것이 우리의 인생에서 가장 중요한 일이라는 사실을 일깨워 준다. 우리의 삶에 말뚝처럼 깊이 박혀 시련의 순간이 찾아오더라도 의심이 일거나 흔들리지 않을 가치관이 분명하게 정립되어 있어야 한다. 그것이 없이는 상황에 따라 흔들릴 수밖에 없고, 여러 가지 선택 앞에서 머뭇거릴 수밖에 없다.

나는 나의 일을 해 나가기 전에 먼저 확실한 가치관을 구축할 목적으로 나에게 다음과 같은 질문을 던져 보았다.

* 아내 외에 다른 여성과 관계를 맺고 싶은 욕구가 있는가?
* 가족을 등한시해도 좋은 이유가 있는가?
* 부도덕한 일에 연루되어 있으면서도 여전히 믿음을 순수하게 지킬 수 있다고 생각하는가?

나를 장애자로 만드신 하나님께 감사드린다.
왜냐하면 그것 때문에 나 자신과 나의 일과 나의 하나님을 발견했기 때문이다.
_헬렌 켈러

이런 질문들이 타협의 여지가 있다고 생각하는가? 아니면 어떤 상황에서도 굳게 지켜야 한다고 생각하는가?

이런 문제를 확고하게 결정하지 않고 무작정 삶에 뛰어들어 일을 해 나간다면 그것 역시 여러 가지 선택 사안 중에 하나가 될 수밖에 없다. 다시 말해 내가 이상으로 삼았던 일들을 장난스럽게 취급하거나 심지어는 포기하는 결과가 나타날 수 있다. 하지만 미리부터 한계를 확실히 그어 놓고 마음에 깊이 아로새긴다면 위의 질문들에 대한 우리의 대답은 아무리 많은 테니스공도 모두 되튀어 나가게 만드는 벽처럼 요지부동할 것이다.

어떤 문제는 아무리 어려운 상황에서도 재고의 여지를 둘 필요가 없도록 미리부터 확실하게 대답을 내려 둔 상태여야 한다. 삶의 균형과 조화는 우리의 존재 깊은 곳에서부터 시작한다. 균형과 조화를 이룬 삶을 살아가려면 마음속에 확고한 가치관을 정립해야 한다. 그 이유는 가장 통제하기 어려운 것이 바로 우리의 마음이기 때문이다.

불평하지 않는 삶

수도원에서 보냈던 시간은 매우 천천히 흘러갔다. 나의 영혼이 서서히 육체를 관장하기 시작했다. 고통이 약간 잦아들어 정상적인 활동이 가능해졌다. 심지어 나는 두건이 달린 긴 옷을 입은 수도사들을 보며 웃음을 터뜨리기도 했고, 수도원장이 없을 때는 혼잣말을 속삭이기도 했다.

> 하나님은 사역이 우리를 고갈시킬 때도 우리에게 새 힘을 주신다.
> 그분은 사역이 우리를 당혹스럽게 만들어도 우리를 더욱 굳게 붙잡아 주신다.
> 하나님은 그분을 위해 일하는 우리에게 어떤 상황에서도 충분히 견딜 수 있도록 도와주신다.
> _〈위기의 목회자들〉중에서

막 수도 생활을 시작한 어떤 초보 수도사에 관한 우스운 이야기가 있다. 그는 일 년 동안 딱 한 마디 말을 할 수 있었다. 첫 해가 지난 뒤 그는 수도원장 앞에서 한 마디의 말을 신중하게 선택했다. 그의 말은 '침대가 딱딱합니다'였다.

두 번째 해가 지났을 때 그는 일 년의 생활을 '음식이 별로입니다'라는 말로 요약했다.

다시 세 번째 해가 지난 후 그는 마지막으로 '그만두겠습니다'라고 말했다.

그러자 수도원장은 '좋네. 자네가 이곳에 온 뒤로 했던 일은 불평, 불평, 불평뿐이었네'라고 대답했다.

수도사들과 함께 지낸 지 닷새가 될 무렵 나는 다시 지루함을 느끼기 시작했다. 커피, 인터넷, 전화, 대화가 일체 없는 것이 몹시 지겨웠다. 나는 침묵을 잠시 중단하고 싶은 충동을 느꼈다.

나는 와이키키 근처의 호놀룰루에 살았다. 그곳은 결코 잠들지 않는 도시였다. 나는 커피와 대화가 절실히 필요했다. 앞으로 침묵을 지켜야 할 날이 이틀이나 더 남아 있었다. 두건을 쓴 수도사들은 식사 메뉴를 바꿀 기미가 전혀 없어 보였다.

다음 날 아침 나는 새벽 5시 기도회에 참석했다. 수도사들은 그레고리우스 성가를 부르며 미사를 드린 후 각자 방에 돌아가서 엄숙한 의식을 거행했다. 나는 모두가 문이 닫힌 방에 들어간 후 최소한 하루 동안은 잠시 도피처를 찾아야겠다고 생각했다. 문명생활과 카페인이 그 우리의 잠재력을 이끌어 낼 수 있는 열쇠는 능력이나 지성이 아니라 지속적인 노력이다.
_윈스턴 처칠

리웠기 때문이다.

 자동차를 몰고 조용히 수도원을 빠져 나왔다. 마치 뒷마당 울타리 밑을 파헤치고 있는 강아지처럼 약간의 죄책감이 느껴졌다. 고속도로에 진입한 후 방향을 북쪽으로 돌려 사람들이 거주하는 마을을 향해 달렸다. 약 한 시간이 지나자 휴대폰이 되살아나면서 음성 메일이 도착했다는 신호음이 울렸다.

 몇 분 뒤 나는 아름다운 마을에 도착했다. 그곳에는 마을보다 더 아름다운 인터넷 카페가 있었다. 마치 천국이 열린 듯했다. 그곳에 들러 커피 여섯 잔을 마시고, 수신함을 열어 차곡차곡 쌓인 이메일에 일일이 답장을 보내고, 사랑하는 사람들에게 안부 메일을 보내 나의 생존 사실을 알렸다. 나는 심지어 내가 알지 못하는 사람들에게까지 메일을 보냈다. 그런데도 여전히 인간관계가 그리웠던 나는 하와이에 있는 부교역자에게 전화를 걸어 숨죽인 목소리로 '안녕하시오. 웨인이요'라고 말했다.

 "왜 그렇게 조용히 속삭이시나요?" 부교역자가 물었다.

 나는 '쉿!'하고 말하며 죄책감 어린 눈으로 주위를 둘러본 다음, 다시 숨을 죽인 채로 '탈출했소이다'라고 말했다. 나는 마치 학교 수업을 빼먹은 학생과 같은 심정을 느끼면서 이렇게 말했다. "견디기가 쉽지 않소. 물론 수도사들은 다 좋은 사람들이요. 그러나 그들은 말을 한 마디도 하지 않아요. 아주 미칠 것만 같소."

 "빠져나오기가 쉽지 않으셨나 보죠?" 부교역자가 물었다.

"아니오. 그런데 몰래 돌아가기가 어려울 듯하오."

땅거미가 지면서 수도원에 돌아갈 시간이 다가왔다. 두건을 쓴 수도사들이 날카로운 눈초리와 찌푸린 얼굴로 탕자의 귀환을 기다리고 있는 모습이 연상되었다.

나중에 수도원에서 몰래 빠져나온 일을 아내에게 말해 주었더니 그녀는 이렇게 물었다. "당신이 하루 동안 몰래 도망친 사실을 알고 수도사들이 화를 내지 않던가요?"

나는 묘한 미소를 지으면서 대답했다. "잘 모르겠소. 지금까지도 그들은 아무 말도 한 적이 없으니까."

모든 것을 다시 할 수 있다면

수도원에서의 경험 이후로 나는 '인생을 다시 살 수 있다면 어떻게 살아야 할까?'라는 물음에 골몰했다.

그런 경우에는 우리 삶이 과연 어떻게 달라질 수 있을까? 아마도 오랫동안 우리에게 회한을 안겨 준 잘못이나 느닷없이 우리의 발목을 붙잡아 꼼짝할 수 없게 만드는 함정을 피할 수 있을 것이다. 또한 결혼 문제도 더 지혜롭게 결정할 수 있고, 우리가 사랑하는 사람들도 더 잘 돌볼 수 있을 것이다.

아무튼 '리더십 고갈'이라는 위기는 깊은 고뇌와 방향 상실이라는 고통을 나에게 안겨 주었다. 하지만 로마서 8장 28절 말씀은 성경에서 지워지지 않으며 나의 마음속에도 깊이 간직되어 있었다. 나는 주님이 그 모든 상황을 통해 나를 유익하게 하실 것이라고 믿어 의심치 않았다.

실제로 나는 연약한 새싹 몇 잎이 메마른 땅거죽을 뚫고 나오는 것을 보았다. 위기의 시간을 거치는 동안 고통의 와중에서도 서서히 새로운 희망이 솟아났다. 나는 나의 삶을 새로운 관점에서 바라보아야 했다. 향후 25년이라는 새로운 세월을 생각할 때 나에게 상황을 변화시킬 수 있는 기회가 주어졌다는 확신이 들었다. 나는 새로운 미래를 개척하거나 지난날과 똑같은 삶으로 돌아가거나 둘 중에 하나를 선택할 수 있는 기회를 맞이했다.

나는 새로운 삶을 선택하기로 결정했다. 이번에는 더 잘 해야겠다는 결심이 섰다.

성찰의 시간 — LEADING ON EMPTY

나의 심신 쇠약 증세는 2년에 걸쳐 지속되었다. 그것은 몹시 슬프고 고통스런 과정이었다. 나의 첫 번째 아내는 교통사고로 목숨을 잃었다. 온통 슬픔뿐이었지만 서서히 마음의 상처가 아물기 시작하면서 고통을 느끼는 간격이 점차 멀어졌다. 나의 우울증은 그런 식으로 진행되었다. 시간이 지나면서 우울증이 나타나는 빈도가 줄어들기 시작했다. 현재는 우울증의 징후가 보일 때면 그것을 피할 수 있는 방법을 알고 있는 상태다.

나의 목표는 신속히 '우울증을 극복하는 것'이 아니라 하나님께 좀 더 가까이 나아가는 것이다. 하나님께 초점을 맞추면 크게 도움이 된다. 그러면 나의 정신을 고양시킬 수 있는 긍정적인 것들을 생각할 수 있다.

우울증은 하나님이 새로운 은혜를 주시기 전에 찾아오는 산고(産苦)와 같을 때가 많다. 우울증을 하나님의 선물로 받아들여 그분이 우리를 통해 앞으로 행하실 일을 생각하는 기회로 삼는다면 그것을 대하는 태도가 크게 달라질 수 있다.

심신이 고갈되는 것을 막기 위해서는 삶의 리듬에 충실해야 한다. 나는 밤중에 수면을 충분히 취하려고 노력하고, 건강에 좋은 음식을 섭취하려고 애쓴다. 또한 서로를 유익하게 해 줄 좋은 친구들이 필요하다는 사실도 깨달았다.

교회에서는 휴식 시간을 정해 두고 간간이 휴식을 취한다. 또 뭔가 창의적인 일을 해야 할 필요가 있을 때는 사무실 밖에서 일하면서 스트레스를 줄인다. 지난해에는 '긴 휴식시간'이라는 짧은 안식년 제도를 도입했다. 지난해 나는 여름철 내내 가족들과 시간을 보냈다.

– 이스트코스트에서 활동하는 한 목회자의 이야기

잔잔한 물가를 찾아서

"그가 나를 푸른 초장에 누이시며 쉴 만한 물가로 인도하시는도다
내 영혼을 소생시키고" _시 23:2-3.

수도원 생활을 마치고 집에 돌아왔지만 문제를 해결하려면 여전히 갈 길이 멀었다. 아직도 해야 할 일이 산더미처럼 많았다. 치유책을 발견했다고 해서 저절로 치유가 되는 것은 아니다. 실제로 치유책을 적용해야만 비로소 치유가 이루어진다. 이는 메뉴를 읽는 것이 아니라 실제로 음식을 먹어야 허기를 면할 수 있는 이치와 같다.

나는 바꾸어야 할 습관이나 일정을 목록으로 만들어 수도원에서 돌아왔지만 아직 실천에 옮기지 못했다. 저 수평선 어딘가에 나의 목적지가 있다는 사실을 알았지만 아직 여행을 시작하지 않았다. 해결책을 알고 있었지만 그것을 실제로 행동에 옮기지 못한 상황이었다.

반드시 쉬어라

"자네의 영혼은 사용할 때마다 전력이 소모되는 배터리와 같다네. 따라서 정기적으로 재충전이 필요하지. 자네는

> 지식을 올바로 사용하는 것이 곧 지혜다. 아는 것과 지혜로운 것은 서로 별개다.
> 많은 지식을 알고 있지만 그 때문에 오히려 더 어리석게 변하는 이들이 많다.
> 지식이 많으면서도 어리석은 사람보다 더 어리석은 사람은 없다.
> 지혜란 지식을 사용하는 법을 아는 것을 의미한다.
> _찰스 스펄전

재충전을 할 시간을 갖지 않았네. 재충전은 하루아침에 이루어지지 않네. 재충전은 천천히, 조금씩 이루어진다네."

심리학자로 일하는 친구의 말이다.

> 자네의 영혼은 사용할 때마다 전력이 소모되는
> 배터리와 같다네. 따라서 정기적으로 재충전이 필요하지.

친구는 일 년 동안 휴식을 취하라고 강권했다. 하지만 그것은 불가능해 보였다. 심지어 6개월도 힘들었다. 결국 나는 여름에 두 달 동안 휴식을 취하겠다고 약속했다. 그때까지만 해도 두 달을 쉬어 본 적은 한 번도 없었다. 따라서 처음에는 좀 어색하기까지 했다. 하지만 힘을 비축하고, 사역의 효율성을 높이고, 지도자 훈련을 받는 사람들을 충실히 돕기 위해서는 그러한 휴식이 반드시 필요하다는 사실이 곧 명확해졌다.

"어떻게 영혼을 재충전하지?" 내가 물었다.

"두 달 동안 자네의 연료통을 보충할 수 있는 활동을 가능한 한 많이 하면 되네. 그것이 재충전 방법일세."

사람은 누구나 그 내면에 감정의 저수지가 존재한다. 위에서는 물이 계속 들어오고, 아래에서는 물이 계속 빠져나간다. 어떤 활동은 물을 채우기보다 물을 고갈시키고, 또 어떤 활동은 물을 고갈시키기보다 더욱 충만하게 채운다. 다시 말해 우리에게 힘을 주는 활동도 있고, 우경이로움을 의식하라. 균형 잡힌 삶을 살라.
날마다 배우는 시간, 생각하는 시간, 그림 그리는 시간, 노래하는 시간,
노는 시간, 일하는 시간을 규칙적으로 할애하라.
_로버트 풀험

리의 힘을 빼앗는 활동도 있다.

내 경우에는 강연이나 설교를 할 때는 연료통이 채워지고, 목회 상담을 할 때면 연료통이 고갈된다. 어떤 사람은 나와 정반대일 수 있다. 또 나는 단순히 스포츠 활동을 하면 새로운 활력을 느끼지만 그런 활동을 앞에서 진두지휘하면 활력이 고갈된다.

당신의 경우는 어떤가? 어떤 활동이 힘을 고갈시키는가? 오래전 에소 석유화학회사의 광고대로 본인의 연료통에 기운이 팔팔한 호랑이를 집어넣는 일은 또 무엇인가? 우리는 그 차이를 알아야 한다.

나는 더 이상 꾸물거릴 수가 없었다. 나는 서둘러 책상에 앉아 종이와 펜을 들고 감정의 연료통을 채워줄 수 있는 활동과 그것을 고갈시킬 수 있는 활동을 정확히 적어야 할 필요성을 느꼈다.

나를 충만하게 하는 활동 몇 가지를 제시하면 다음과 같다.

* 스포츠
* 여행
* 독서
* 경건의 시간
* 골프
* 아내와 함께하는 저녁식사
* 음악
* 복음을 위한 창조적인 예술 활동

* 강연

* 지도자 훈련

아울러 다음은 나를 고갈시키는 활동들이다.

* 과도한 목회 상담
* 해결되지 않은 가정 문제
* 불필요한 문서 작업
* 변화를 싫어하는 사람들과 함께 일하는 것
* 지도자가 아니라 경영자로 일하는 것
* 다른 사람들의 촉박한 요구
* 일을 끝까지 마무리하지 못하는 사람들과 함께 일하는 것

바쁘면 바쁠수록 나를 재충전하는 활동에 할애할 수 있는 시간이 줄어들었다. 이것은 틀림없는 사실이다. 마감이 임박한 일을 하다 보면 스포츠를 즐길 시간이 없었고, 설교를 준비하다 보면 독서를 할 시간이 부족했으며, 좀 더 중요하게 보이는 일들이 밀어닥쳐 골프가 시간 낭비에 불과한 활동으로 느껴질 때면 선뜻 골프장을 찾을 수 없었다. 어쩌다 한번 거미줄이 잔뜩 쳐진 골프채를 털어내고 골프장에 가다 보니 좋은 성적을 내기란 애당초 틀린 일이었다. 지금도 이 문제는 여전히 해결되지 않았다.

> 언젠가 하나님은 우리에게 즐기라고 만들어 주신 것을
> 우리가 즐기기를 거부한 일에 대해 책임을 물으실 것이다.
> _랍비 격언

힘을 충전하기보다 힘을 소진하는 일을 한동안 계속하다 보면 결국에는 문제가 발생한다. 그것은 오일을 교환하지 않고 수년 동안 자동차를 운행하는 것과 같다. 한 차례 오일을 교환한 뒤에 약 4만 킬로미터를 주행하면 결국에는 엔진을 통째로 바꾸어야 하기 때문에 비용이 훨씬 더 많이 든다. 내 경우도 그랬다. 계기판에 엔진 점검 불빛이 계속해서 반짝이는데도 나는 멈추지 않았다. 아니, 멈출 수가 없었다.

나는 심신이 고갈된 상태에서 지도자의 임무를 수행했다. 그러다 보니 더 이상 오래 버틸 수가 없었다. 각자의 연료통을 채워주는 활동과 고갈시키는 활동을 아래에 적어 보라. 각각 최소한 여섯 가지 활동을 나열하기 바란다.

연료통을 채우는 활동	연료통을 고갈시키는 활동

배우자에게도 똑같이 해 보라고 한 뒤 저녁식사를 하면서 서로의 목록을 비교하라. 남편은 아내의 목록을, 아내는 남편의 목록을 서로 바꾸어 살펴보라. 그런 다음 3개월 동안 그 목록을 기도 제목으로 삼고, 연료통을 채워 주는 활동은 독려하고, 연료통을 고갈시키는 활동은 자

> 가족은 자연의 걸작 가운데 하나다.
> _조지 산타야나

제할 수 있게 함으로써 서로에게 도움을 주라.

아내도 살피라

고갈과 충전의 과정은 비단 나에게만 국한되지 않았다. 나는 아내의 연료통을 채워 주는 것과 고갈시키는 것을 구별하는 것이 필요했다. 그로써 나는 제정신을 차릴 수 있었고, 우리 결혼생활이 파국에 이르는 것을 방지할 수 있었다.

우리는 아내의 친정이 있는 오리건을 떠나 하와이로 이주했다. 당시 우리에게는 두 자녀가 있었다. 아이들이 무척이나 따랐던 외조부모로부터 그들을 떼어 놓은 일은 참으로 어려웠다. 아내는 며칠에 한 번씩 아이들의 학교생활과 날씨를 비롯해 마음에 떠오르는 것을 전화로 장모에게 알려주는 등 가족들과의 연락이 두절되지 않도록 많은 노력을 기울였다.

그런 식으로 장거리 전화가 빈번해지면서 몇 달이 지나자 전화요금을 감당하기 어려웠다. 초임 목회자의 사례비는 그리 많지 않았다. 어느 날 전화요금 청구서를 열어 본 나는 그만 넋이 나가 질풍처럼 부엌으로 달려갔다. 나는 어리둥절해 하는 아내에게 고함을 쳤다. "지금 나를 빈민 구호소에 보낼 생각이요? 전화요금이 무려 150달러나 나왔소. 더 이상은 안 되오. 지금부터 장모님과 통화하고 싶으면 그쪽에서 전화를 걸게 하거나 수신자부담 전화를 걸어요!" 그런 다음 나는 일말의 동정심에서 덧붙였다. "하지만 일주일에 한 번은 자유롭게 전화를 해

팽이처럼 빙빙 도는 이 복잡한 세상은 해마다 더욱 복잡해진다.
따라서 우리도 매년 단순한 삶을 통해 평화와 위로를 찾기 위해 노력해야 한다.
_〈여성의 친구〉 1935년 12월호

도 좋소."

　아내는 묵묵히 내 말에 순종했다. 하지만 그로부터 약 두 달이 지나면서 아내의 태도가 전과 달라진 느낌이 들었다. 그녀는 점차 심술궂은 마녀처럼 변해 갔다. 우리의 관계는 급속히 냉각되었고 서로의 대화는 단절되었다.

　나는 아내의 연료통을 가장 충만하게 채워 주는 활동 가운데 하나가 장모님과의 잦은 대화였다는 사실을 미처 인식하지 못했다. 외동딸인 아내는 부모와의 관계가 원만하고 친밀할 때 가장 큰 행복을 느꼈다. 하지만 나는 그런 통로를 차단함으로써 옹호자라기보다는 적대자가 되었다.

　나는 마침내 잘못을 인정하고 즉각적이고도 필요한 조처를 취했다. 한 달에 150달러를 지불하고 행복한 아내를 살 수 있다면 그다지 큰 희생이 아니라는 생각이 들었다. 아내는 곧 처음 결혼할 때와 같은 아름다운 신부로 돌아왔다. 그 후 일 년 반이 지나면서 장인과 장모가 모두 세상을 떠났다. 내가 미처 깨닫지 못했다면 지금쯤 우리 부부의 결혼 생활이 어떻게 되었을지 생각만 해도 두렵다.

　본인은 물론 배우자의 연료통을 채워 주는 것과 고갈시키는 것이 무엇인지 찾아내라. 그러면 사역을 행할 때 정신적 압박을 덜 느끼는 것은 물론 아내에게 쫓겨나 개집에서 잠을 자는 신세를 모면할 수 있다.

경고등

간단히 한 가지 더 밝혀 두고 싶은 사실이 있다. 금융업, 자녀양육, 원자공학 등 어떤 직업이든 나름대로 스트레스가 있기 마련이다. 스트레스에서 온전히 자유롭기는 불가능하다. 스트레스에 맞서 그것을 적절히 처리하지 않으면 오랫동안 스트레스 유발요인을 그대로 짊어진 채 살아가다가 나중에서야 허겁지겁 스트레스를 해소할 수 있는 방법을 찾기 위해 고심할 수밖에 없다.

우리 모두는 날마다 다양한 활동을 하며 살아간다. 그 가운데는 우리 스스로 선택한 활동도 있고, 타의에 의해 어쩔 수 없이 행하는 활동도 있다. 사역활동이나 직장생활, 또는 가정생활을 하다 보면 어쩔 수 없이 우리를 고갈시키는 활동을 할 수밖에 없다. 우리를 고갈시키는 활동에서 온전히 자유롭기는 불가능하다. 하지만 감정의 연료통을 충만하게 채우는 방법을 알고 있다면 마음의 계기판에서 '연료 부족' 경고등이 갑작스레 반짝이는 상황을 얼마든지 방지할 수 있다.

결정의 어려움

연료 부족 경고등이 들어오면 어떤 현상이 나타날까? 내 경우에는 전에는 수월하게 내렸던 결정들이 매우 어렵게 느껴지는 현상이 나타났다. 나는 어떤 종류의 결정도 선뜻 내릴 수가 없었다. 나의 결정이 필요한 문제가 생길 때면 나는 차일피일 미루기만 했다.

점점 커지는 유혹의 힘

결정은 어려워지고 그 반면에 주의력 산만과 유혹을 느끼는 강도가 이전보다 더 강해졌다. 삶의 무게에 짓눌린 상태에서 적절하고 충분한 피난처를 발견하지 못하면 잘못된 것에 치우치게 될 가능성이 높아진다.

예수님은 누가복음 4장에서 중요한 삶의 교훈을 제시하셨다. 다음 성경 구절은 예수님이 40일 금식을 마치신 후에 일어난 상황을 묘사한다. "이 모든 날에 아무것도 잡수시지 아니하시니 날수가 다하매 주리신지라 마귀가 가로되 네가 만일 하나님의 아들이어든 이 돌들에게 명하여 떡덩이가 되게 하라" 눅 4:2-3.

마귀가 예수님의 기력이 쇠했을 때 유혹의 말을 속삭인 것은 결코 우연이 아니다. 그것은 마귀가 흔히 사용하는 계략이다. 말하자면 유혹의 기초 원리인 셈이다. 마귀는 은밀한 곳에 숨어 우리가 연약해질 때를 기다린다. 어두운 2층 방에 쭈그리고 앉은 저격수처럼 마귀는 망원렌즈에 눈을 갖다 대고 위험을 전혀 의식하지 못하는 목표물을 향해 총알을 날릴 기회를 엿보고 있다.

사람은 누구나 감정의 밸브를 열어 압력을 줄여야 한다. 삶의 스트레스가 짓누를 때 그 압력을 적절히 조절하지 않으면 우리는 과도한 압박감을 느끼게 된다. 우리의 연료통을 채워 줄 적절한 방법을 찾지 못하면 불건전한 도피처를 찾을 수밖에 없다. 불륜, 포르노그래피, 과도한 음주, 신경안정제, 또는 마약 등은 우리를 불행하고 건전하지 못한 삶으로 몰고 가는 그릇된 스트레스 해소 방법에 해당한다.

점차 커지는 불안감을 무시하거나 억누르면 감정의 연료통이 고갈되고, 그 다음에는 좀 더 강렬한 징후가 나타나기 시작한다. 나의 경우에는 길에 걸터앉아 눈물 흘리는 현상으로 나타났다. 감정의 연료통이 거의 바닥이 드러나자 그동안 줄곧 분주히 활동만 해 오던 나는 홀로 있고 싶은 마음이 간절해졌다. 나는 사역을 그만두고 나에게 요구사항이 있는 사람들로부터 멀리 떠나고 싶었다.

홀로 있고 싶은 생각

이미 언급한 대로 그런 상황에서 홀로 있고 싶은 생각은 의도적으로 고독과 성찰의 시간을 갖는 것과는 크게 다르다. 고독은 건전한 영적 훈련에 해당하지만 고립은 감정 고갈의 징후다. 목회자인 나는 일상에서 탈출하고 싶은 유혹을 느꼈고, 교회를 떠나 심신을 새롭게 하고 싶은 마음이 간절했다.

> 고독은 건전한 영적 훈련에 해당하지만
> 고립은 감정 고갈의 징후다.

그런 징후가 나타나면 감정의 연료통을 채워 주는 것보다 고갈시키는 것이 더 많다는 증거다. 따라서 즉시 그러한 불균형을 해소할 방책을 세워야 한다. 그렇지 않으면 최악의 상태로 치달을 가능성이 높다.

> 하나님의 뜻을 열심히 행하다 보면
> 그분의 계획에 대해 논쟁을 벌일 시간이 없다.
> _조지 맥도날드

우리는 그런 심리 상태를 종종 '신경 쇠약'이라고 일컫는다.

감정 고갈의 마지막 단계는 지도자의 사역 역량과 미래의 잠재력을 깡그리 앗아 갈 수 있다. 그런 상태에서 정상으로 회복하는 것은 거의 기적에 가깝다. 장시간 스트레스와 불안에 시달리며 신경전달물질의 불균형이 초래되면 우리의 정신 상태는 심각한 장애에 부딪친다. 그런 상황은 의학적인 관심과 치료를 필요로 한다.

목회자를 위한 조언

목회자는 특수 집단에 속한다. 목회 활동은 다른 직업들과는 달리 고정된 틀에 딱딱 들어맞지 않는다. 물론 기업 활동과 교회 사역은 많은 측면에서 서로 유사하다. 하지만 목회자의 소명은 매우 독특한 측면을 지니고 있기 때문에 기업 활동과 몇 가지 중요한 차이가 있다.

무엇보다 목회자의 임무와 정체성은 서로 밀접한 관계를 맺고 있기 때문에 그 둘 사이에는 항상 긴장감이 존재한다. 목회자는 근무 시간이 지났다는 이유로 물건 판매를 중단하는 영업 사원이나 땅에 떨어진 상자를 들어 올리지 않는 부두 노동자와는 근본적으로 다르다. 목회자는 다 끝마치지 못한 일들을 후계자에게 물려주고 은퇴하는 정치가와도 큰 차이가 있다.

목회자는 시골 의사와 같다. 의사는 일과시간에 상관없이 사람들이 맹장염 증세를 보이거나 임산부가 출산할 기미를 보이면 '근무시간이 지났습니다. 5시에 끝났어요'라고 말할 수 없다. 목회자의 근무시간도 결코 끝나지 않는다. 물론 근무시간을 따지는 사람도 더러 있을지 모르지만 자신의 직업을 소명으로 생각하는 사람은 결코 그렇게 할 수 없다.

목회자의 임무는 곧 목회자의 정체성이다. 목회자의 정체성과 목회자의 임무는 서로 불가분의 관계를 맺는다. 목회자는 목자다. 목회 사역은 일반 직업 활동과는 다르다. 목회자로 부르심을 받은 사람은 그 소명을 거부할 수 없다.

예수님은 말씀하셨다. "너희가 나를 택한 것이 아니요 내가 너희를 택하여 세웠나니 이는 너희로 가서 과실을 맺게 하고 또 너희 과실이 항상 있게 하여" 요 15:16.

목회는 사업이 아니다. 목회는 평생 소명이다. 그것은 목회자의 정체성과 밀접한 관련이 있다. 다시 말해 목회자의 정체성은 그가 행하는 활동과 떼려야 뗄 수 없는 관계인 것이다.

목회자는 긴장감을 제거하기보다 늘 그것을 안고 살아야 할 의무가 있다. 평생 소명은 무엇이든 그런 모순이 있다. 따라서 그런 모순의 중압감이 지나치게 심해지기 전에 문제를 직시하고 해결하려는 노력이 필요하다.

나를 인도하시는 주님

나는 잔잔한 물가와 편히 누워 쉴

> 나는 이 적은 무리에게 나의 생명을 바쳤다.
> 아무도 강요하지 않았다. 나 스스로 기꺼이 내주었다.
> 나에게 다시 생명이 주어진다면 또다시 즐거이 그들에게 생명을 바칠 것이다.
> _〈위기의 목회자들〉에 인용된 어느 목회자의 말

수 있는 푸른 풀밭을 찾기 시작했다. 그런 휴식 장소를 찾는 것은 삶의 리듬과 지속성에 달려 있다.

삶의 리듬이란 긴급한 문제들을 처리하기 위해 정신없이 일정을 소화해 내는 가운데서도 의도적으로 일과 휴식의 리듬을 유지하는 것을 의미하고, 지속성이란 그런 삶의 리듬을 단지 몇 달만 유지하다가 옛 습관으로 다시 되돌아가지 않는 것을 의미한다. 삶의 리듬과 지속성을 유지하려면 지난날의 경험에서 비롯하는 깨달음과 단호한 의지가 필요하다.

우리의 삶은 공책과 같다. 아무것도 적지 않은 빈 공책처럼 살아가는 사람들도 있고, 여러 가지 경험이 가득 적힌 공책처럼 살아가는 사람들도 있다. 하지만 일단 무엇인가를 기록한 뒤에는 다시 그 내용을 읽어 보지 않는 경우가 많다. 최선의 삶을 살기 위해서는 기록된 내용을 몇 번이고 곱씹어 읽어야 한다. 그래야만 삶의 교훈을 얻을 수 있고, 앞으로의 방향을 결정할 수 있다.

목회자의 임무는 곧 목회자의 정체성이다. 목회자의 정체성과 목회자의 임무는 서로 불가분의 관계를 맺는다.

경험만으로는 지혜로워질 수 없다. 예를 들어 같은 실수를 되풀이했을 경우 경험은 과거에도 그와 똑같은 실수를 저질렀다는 사실만을 상기시켜 줄 뿐이다. 하지만 경험에 성찰이 더해지면 깨달음을 얻을

> 불 시련은 금과 같은 기독교인을 만들어낸다.
> _찰스 스펄전

수 있다. 그러한 깨달음은 우리의 성장과 변화를 촉진한다.

고통은 불가피하지만 스스로 비참해질 필요는 없다. 잘 알다시피 고통은 깊이 사랑하고 충만하게 산다는 증거다. 하지만 비참함은 아무 성찰이나 깨달음이 없이 무작정 산다는 증거다.

나는 심리학자로 일하는 친구에게 조언을 들었지만 삶의 변화를 위한 선택을 차일피일 미루기만 했다. 우리는 현상 유지의 고통이 변화의 고통보다 더 커져야만 비로소 용단을 내려 행동에 돌입하는 경우가 많다.

그 무렵 나는 가슴에 통증을 느끼기 시작했다.

성찰의 시간 LEADING ON EMPTY

코데이로 목사님께

2년 전에 목사님이 주관하신 하와이 지도자 양성 훈련에 참석했을 때는 이미 저의 삶과 사역이 몹시 고통스럽고 암울한 상태로 접어든 지 8개월이 지난 무렵이었습니다. 저는 목회 사역을 하는 동안 깊은 상처를 받았지만 교인들 앞에서는 짐짓 아무 일도 없다는 듯이 강하게 보이려고 노력했습니다. 물론 그러는 동안 혼자서는 그 상처를 치유하기 위해 애를 썼지요. 의욕이 계속 저하되었지만 저는 그런 암울한 상황이 저절로 사라지기를 희망하며 늘 해 오던 대로 버텨 나갔습니다. 당시 기독교 심리학자를 만나 상담을 했지만 여전히 심각한 우울증에 시달렸습니다. 아무 비전도 없이 그저 무기력하기만 했지요. 하나님으로부터 멀어지고 있다는 느낌이 들었습니다. 교회를 운영하고 유지하는 데 많은 노력을 기울이다 보니 더 이상 줄 것이 아무것도 남지 않았습니다. 교인들에 대한 애정을 전혀 느끼지 못했습니다.

그로부터 몇 달 뒤에 저는 우리 지역에 있는 다른 기독교 심리학자에게 가 보라는 추천을 받았습니다. 우울증과 불안 증세를 다루는 전문가라고 하더군요. 진단 소견은 만성 우울증이었습니다.

지난날을 돌이켜보니 제가 어린 시절을 포함해 대부분의 시간을 만성 우울증에 시달려 왔지만 전혀 의식하지 못했다는 사실을 깨달았습니다. 저는 그런 상태가 정상인 줄 알았습니다. 저는 강하고, 또 어떤 도전도 능히 감당할 수 있다고 확신했기 때문에 결국 승리하고 말리라는 신념으로 모진 폭풍우를 뚫기 위해 노력했던 것이죠.

— 캘리포니아 출신 목회자의 이야기

07
세상을 보는 새로운 눈을 얻다

"눈은 몸의 등불이니 그러므로 네 눈이 성하면 온 몸이 밝을 것이요
눈이 나쁘면 온 몸이 어두울 것이니 그러므로 네게 있는 빛이 어두우면
그 어두움이 얼마나 하겠느뇨"_마 6:22-23.

어느 날, 심장박동에 이상을 느낀 나는 의사를 찾아 여러 가지 심장 검사를 받았다.

의사는 일단 심전도 검사를 실시한 다음 스트레스 테스트를 시도했다. 나는 가슴에 전극을 부착하고 러닝머신처럼 생긴 기계 위를 천천히 걷기 시작했다. 속도가 증가하기 시작하자 벨트가 더 빠르게 움직였고, 나중에는 속도가 더욱 증가되어 가파른 언덕을 올라가는 듯한 느낌이 들었다. 의사는 종이에 기록되는 그래프의 형태와 나의 걷는 속도를 지켜보았다. 나의 심장이 여러 단계의 자극에 반응하는 동안 의사는 클립보드에 여러 가지 표시를 했다. 이마에서는 땀방울이 송골송골 맺혔지만 의사는 나의 심장이 아무 이상 없이 건강하다고 말했다. 그러면서 그는 기계 속도를 더 빠르게 했다.

의사는 물리적인 스트레스를 가함으로써 나의 심장이 얼마나 강한지, 또 일상생활의 스트레스를 소화하기에 충분한지 검사했다. 나의 나는 선수로 활동하는 동안 9,000개 이상의 슛을 성공시키지 못했다. 또한 거의 300게임에서 패배의 쓴 맛을 보았으며, 모두가 내가 승리의 슛을 날릴 것이라는 기대감으로 가득할 때 스물여섯 차례나 슛을 성공시키지 못했다. 나는 일평생 거듭 실패를 연발했다. 그것이 내가 성공할 수 있었던 이유다.
_마이클 조던

심장은 물리적으로는 아무 이상이 없었다. 하지만 나는 쉽게 잊히지 않을 교훈 하나를 깨달았다. 즉 역설처럼 들릴지 몰라도 심장이 더 강해지려면 스트레스를 받아야 한다는 것이었다.

나쁜 상황을 좋은 상황으로 바꾸기

내가 우울증의 고통과 그에 따르는 의욕 저하의 증세를 피하고 싶어 하는 만큼 하나님은 그런 요인을 통해 나의 심장을 훨씬 더 강하게 만드시고 적절한 삶의 습관을 형성하신다. 우울한 상태에서 하나님 앞에 나가 기도하면 무엇인가 놀라운 변화가 일어난다.

우리는 우울할 때면 종종 스스로 고립되어 일이든 사람이든 모든 것과 단절을 시도한다. 그것은 한 가지 방법이 될 수는 있지만 최선은 아니다.

우리는 우울한 상태를 하나님께 더 가까이 나아가는 기회로 삼아야 한다. 여러 가지 삶의 변화를 겪으면서 이렇다 할 돌파구가 보이지 않을 때면 우리는 조용한 장소를 찾아 우리의 안팎에 거하시는 하나님께 도움을 요청한다. 그러면 그것이 상처를 치유할 수 있는 가장 정확한 방법이라는 사실을 곧 깨닫는다.

프란체스코 수도사들은 암울한 상황을 옳게 받아들인다면 그것이 기회가 될 수 있다는 사실을 이해했다. 그들은 다음과 같은 기도문을 만들어 후대에 전했다.

하나님이 손쉬운 해답, 냉혹한 마음, 반쪽 진리, 피상적인 관계로는 만족하지 않겠다는 마음을 불어넣으시어 하나님의 성령이 거하시는 마음 깊은 곳에서부터 우러나오는 진실한 삶을 살게 하시기를 기도한다.

하나님이 고난과 배척과 굶주림과 전쟁으로 고통 받는 사람들을 위해 눈물을 흘릴 수 있게 하시어 네 손을 내밀어 그들을 위로하고 그들의 고통을 기쁨으로 바꾸게 하시기를 기도한다.

하나님이 이 세상과 이웃을 변화시킬 수 있다는 우직한 신념을 허락하시어 불가능하게 생각되는 일이더라도 용기 있게 시도하는 한편 예수 그리스도 안에서 필요한 능력을 받을 수 있다는 확신을 갖게 하시기를 기도한다.

하나님이 그분의 장소에서 사랑과 치유의 구원 사역을 계속해서 수행하며, 그분의 이름과 그분의 성령 안에서 우리가 접하는 모든 것과 모든 사람 안에 새로운 생명과 은혜를 불어넣고 창조하게 하시기를 기도한다.

**믿음이란 우리가 나중에서야 비로소 이해하게 될
일을 미리 앞당겨 사는 것을 의미한다.**

하나님의 길은 우리의 길과는 분명히 다르다. 진리가 우리를 자유하게 하기 전에 대개는 많은 시련이 찾아온다. 하나님의 은혜는 우리의 허락과 상관없이 우리의 삶에 들어와 역사한다. 따라서 우리가 겪는 일은 무엇이나 그분의 은혜 아래 이루어진다. 믿음이란 우리가 나중에서야 비로소 이해하게 될 일을 미리 앞당겨 사는 것을 의미한다.

어떻게 보느냐는 우리에게 달려 있다

"눈은 몸의 등불이니 그러므로 네 눈이 성하면 온 몸이 밝을 것이요 눈이 나쁘면 온 몸이 어두울 것이니 그러므로 네게 있는 빛이 어두우면 그 어두움이 얼마나 하겠느뇨" 마 6:22-23

엄밀히 말해 우리는 눈으로 보지 않고, 뇌로 본다. 눈은 렌즈로, 뇌의 뒤에 있는 후두엽에 사물의 영상을 전달한다. 우리는 전두엽을 통해 전달된 영상이 좋은 것인지 나쁜 것인지, 또는 받아들여야 할 것인지 거부해야 할 것인지를 판단한다.

그런 과정에서 평화를 느끼기도 하고, 두려움을 느끼기도 한다. 보는 것을 어떻게 규정할 것인지, 또 그것을 선택할 것인지 아닌지를 결정하는 것은 전적으로 우리 몫이다.

의미는 사물의 실제 모습이 아니라 그것을 바라보는 우리의 관점에서 비롯한다. 우리는 믿음과 선택을 통해 우리에게 좋은 것과 나쁜 것을 구별할 수 있다. 우리는 우리가 보는 것을 받아들일 것인지 거부할 것인지를 결정할 수 있고, 그것을 보고 평화를 느낄 것인지 두려움을 느낄 것인지를 판단할 수 있다.

최근에 나는 승마를 통해 교훈을 얻었다. 처음에는 몸무게가 천 파운드가 넘는 동물이 내 발가락을 밟거나 나를 들이받을지도 모른다는 생각에 두려움과 걱정이 앞섰다. 말도 그런 나의 두려움을 의식하는 눈치였다. 하지만 시간이 흐르면서 말이 성품이 매우 온순하고, 또 훈

> 장애와 기회의 차이는 우리의 태도에 달려 있다.
> 모든 기회에는 어려움이 뒤따르고, 모든 어려움에는 기회가 뒤따른다.
> _사이드로 백스터

련이 아주 잘 되어 있다는 사실을 깨달았다. 그러자 걱정이 잦아들고 자신감이 생겨났다. 두려움이 사라지면서 말을 타고 지내는 시간이 평화롭게 느껴졌다. 그러면 변한 것은 무엇일까? 말일까? 아니다. 바로 나의 관점이다.

문제를 바라보는 우리의 관점이 종종 문제가 될 때가 많다.

눈에 관한 예수님의 말씀은 인생의 사건들을 인식하는 우리의 관점을 가리킨다. 인생의 사건들을 어설프게 부정적으로 인식하면 육체는 물론 감정에 나쁜 영향이 미친다. 우울증은 죄가 아니지만 하나님과 이웃과 우리 자신의 상황을 그릇되게 인식하게 함으로써 우리를 죄로 유도한다. 문제를 바라보는 우리의 관점이 종종 문제가 될 때가 많다. 관점이 잘못되면 기회가 장애로 비치고, 초대가 위협으로 다가온다.

우리가 서 있는 장소는 항상 우리의 관점에 영향을 미친다. 고층빌딩 전망대에 있으면 도시 전체가 한눈에 들어온다. 도시는 물론 그 너머에 있는 시골 풍경까지 지평선 위에 아스라이 나타난다. 하지만 깊숙한 참호 안에 있으면 흙과 벌레 한두 마리와 바위와 머리 위에 드러난 작은 하늘 외에는 아무것도 보이지 않는다.

그러면 어떻게 해야 그런 구렁텅이에서 빠져나올 수 있을까?

사명을 인식하라

우울증에 시달릴 때, 나아갈 방향을 찾을 수 없을 때는 하나님이 부탁하신 사명에 초점을 맞춰라. 사명은 삶의 근본 토대다. 종이에 자신의 사명을 기록한 다음 배우자와 함께 대화를 나눠라. 그것을 삶의 목표로 삼으라. 그러면 목적의식이 뚜렷해지고 희망이 되살아날 것이다.

사도행전 27-28장에 보면 바울 사도를 로마로 이송하던 배가 풍랑을 만난 사건이 기록되어 있다. 배가 난파되자 배에 탄 사람들은 목숨을 부지하기 위해 모두 해안으로 헤엄을 쳤다. 뭍에 도착한 바울은 모닥불에 던져 넣을 나뭇가지를 주웠다. 그가 모닥불에 나뭇가지를 올려놓은 순간 독사가 나와 그의 손을 물었다. 바울은 뱀을 떨쳐 버리고 할 일을 계속했다.

바울은 배가 난파되고 뱀에게 손을 물린 상황에서도 어떻게 그런 자신감을 가질 수 있었을까? 그 이전으로 몇 장 거슬러 올라가면 주님이 바울에게 나타나시어 다음과 같이 말씀하신 대목이 발견된다. "담대하라 네가 예루살렘에서 나의 일을 증거한 것같이 로마에서도 증거하여야 하리라" 행 23:11.

바울은 자신의 사명을 알았다. 폭풍우가 몰아닥치자 모두가 '이제 죽는구나'라고 소리쳤다. 하지만 바울은 평정심을 유지하고 말했다. "그렇지 않다. 나는 로마에 갈 것이다."

배가 난파되어 엉뚱한 곳에 도착했지만 바울은 하나님이 자신을 구

> 행복의 필수 요소는 세 가지, 곧 해야 할 것, 사랑하는 것, 희망하는 것이다.
> _앨런 챌머스

원하실 것을 믿어 의심치 않았다. 뱀이 손을 물었을 때도 바울은 '나를 귀찮게 하지 말라. 나는 로마에 갈 것이다'라고 확신했다. 바울은 폭풍우에 시달리고 뱀에게 물렸는데도 자신감을 잃지 않았다. 그 이유는 하나님이 그에게 사명을 주셨다는 사실을 알았기 때문이다.

나도 하나님이 사명을 주셨다. 다른 사람들도 마찬가지다. 폭풍우가 몰아치고 뱀이 물거든 하나님이 주신 사명을 생각하라. 하나님이 무슨 사명을 주셨는가? 목숨이 다하는 날 하나님이 어떤 책임을 물으실 것으로 생각되는가?

자신이 해야 할 일을 중요한 순서대로 세 가지만 적어 보라. 그리고 그것을 눈에 잘 띄는 곳에 놓아두고 필요할 때마다 다시 읽어라. 우울증이 찾아오거든 하나님이 주신 사명을 읽으면서 '여기에서부터 다시 시작할 거야'라고 말하라. 그러면 자신의 잠재력을 알게 되고 하나님이 새로운 희망을 허락할 것이다.

**우울증이 찾아오거든 하나님이 주신 사명을 읽으면서
'여기에서부터 다시 시작할 거야'라고 말하라.**

시간이 아무리 오래 걸리더라도 다시 시작하라. 남은 인생이 모두 소진될 수도 있다. 하지만 그것이 올바른 길이라는 사실을 알게 될 것이다. 하나님의 뜻을 수행한다는 확신이 들면 그 무엇도 우리의 자신감을 꺾을 수 없다.

선을 위한 고난

상황을 바라보는 관점이 불투명해지면 우울증이 찾아온다. 우울증은 미래를 재건하는 데 필요한 '인식의 무능력'으로 정의할 수 있다.

토머스 칼라일은 컴퓨터는 물론 타자기조차 존재하지 않았던 때에 손으로 〈프랑스 혁명사 The History if the French Revolution〉를 집필했다. 3년에 걸친 자료 조사와 집필 활동이 이루어진 후 그는 마침내 500페이지에 달하는 원고를 완성할 수 있었다. 그는 완성된 원고를 존 스튜어트 밀에게 주면서 편집과 교정을 부탁했다. 밀은 그 원고를 바구니에 담아 두고 저녁마다 난롯불 옆에서 작업을 했다. 그러던 어느 날 그가 여행을 떠나게 되었다. 하녀는 그 원고 뭉치를 불쏘시개로 생각하고 불을 피울 때마다 사용했다. 밀이 여행에서 돌아올 무렵에는 이미 원고가 모두 잿더미로 변한 상태였다.

그 소식을 접한 토머스 칼라일은 심각한 우울증에 빠졌다. 그는 집안의 커튼을 모두 내리고 음식조차 거부했다. 그렇게 2주가 지난 후 그는 커튼 한쪽을 열었다. 그러자 맞은편에 낡은 교회당 앞에서 무너진 벽돌 벽을 수리하는 한 남자의 모습이 보였다. 3주 동안 하루에 8시간씩 칼라일은 그 사람이 벽돌을 한 번에 하나씩 쌓아 올리는 모습을 지켜보았다. 재건된 벽은 새로 쌓은 벽처럼 좋아 보였다.

"저 사람이 벽돌을 하나씩 쌓아올려 벽을 재건했듯이 나도 한 페이지씩 써 나가면 다시 원고를 완성할 수 있을 거야."

> 어려움이 클수록 그것을 극복하는 데서 비롯하는 영광도 더 커진다.
> 숙련된 항해사는 폭풍우와 폭설로 인해 명성을 드날린다.
> _에피쿠로스

그는 다시 원고를 집필하기 시작했고 2년 후 탈고의 기쁨을 맛보았다. 오늘날 토머스 칼라일의 〈프랑스 혁명사〉는 역사학의 고전으로 손꼽힌다.

무엇인가 귀중한 것을 잃었다면 다시 새로 시작해야 한다. 본래의 사명에서부터 출발하라. 그러면 앞으로 나아갈 방향을 알게 될 것이다.

베드로 사도는 고난에 익숙했다. 그가 한 말이다. "그러므로 하나님의 뜻대로 고난을 받는 자들은 또한 선을 행하는 가운데 그 영혼을 미쁘신 조물주께 부탁할지어다" 벧전 4:19.

"하나님의 뜻대로 고난을 받는 자들은"이라는 말씀에서 알 수 있듯이 고난에는 하나님의 뜻대로 받는 고난과 그렇지 못한 고난이 있다. 문제는 어떤 고난을 당하느냐가 아니라 그 고난을 어떻게 받아들이느냐에 달려 있다. 다시 말해 고난의 진가는 우리의 선택에 의해 결정되는 것이다.

내 자신이 연약하고 실패하기 쉬우며 하나님의 은혜를 절실히 필요로 하는 존재라는 사실을 깨닫는 것이 필요했다. 생각과 관점이 바뀌고 나서야 비로소 나는 열등감에서 벗어나 새로운 건강과 기쁨을 되찾을 수 있었다.

우리 모두는 고난을 당한다. 고난의 여부는 우리의 선택 사안이 아니다. 우리는 단지 무엇을 위해 고난을 당할 것인가를 선택할 수 있을 뿐이다.

고난의 목적이 나의 삶에서 하나님의 뜻을 이루는 것이라면 나는 어

> 신자들이여, 위를 바라보고 용기를 내라.
> 천사들은 우리가 생각하는 것보다 훨씬 더 가까이 있다.
> _빌리 그레이엄

깨를 당당히 펴고 어떤 고난도 기꺼이 받아들일 수 있다.

내가 우울증을 하나님을 가까이 하라는 신호로 이해하기 전까지만 해도 우울증은 한갓 나를 성가시게 만드는 고통에 지나지 않았다. 회복을 향한 나의 첫걸음은 우울증이 나를 날마다 하나님께 가까이 나아가게 만드는 긍정적인 요인으로 받아들이는 것이었다.

희망을 선택하라

마이클이라는 사람에 관한 이야기를 들어보았을지도 모르겠다. 그는 우리가 진정으로 좋아할 수 있는 사람이다. 그는 항상 명랑하고, 늘 긍정적으로 말한다. 누군가가 '요즘 어떠세요?' 라고 물으면 그는 '이보다 더 잘 지낼 수는 없지요' 라고 대답한다.

직원이 일이 잘 안 풀려 우울해하면 그는 상황을 긍정적으로 바라보는 방법을 일러준다. 어느 날 마이클의 친구가 그에게 물었다. "도무지 이해가 되지 않아. 자네는 어떻게 항상 그렇게 긍정적일 수 있지?"

그러자 마이클은 이렇게 대답했다. "나는 아침마다 나에게 '마이클, 너는 오늘 두 가지 가운데 하나를 선택할 수 있어. 하나는 명랑하게 지내는 것이고 다른 하나는 우울하게 지내는 것이야. 나는 명랑하게 지내는 것을 선택할 거야'라고 말하지. 또 무엇인가 나쁜 일이 일어날 때면 '이 상황에 희생제물이 되어 굴복할 거야, 아니면 그것에서 교훈을 배워 앞으로 더 잘 할 거야'라고 물어. 누군가가 나에게 불평할 때는 '불평을 못마땅하게 여기고 속상해 할 거야, 아니면 긍정적인 측면을

> 비관주의자는 모든 기회 속에서 어려움만을 바라보고,
> 낙관주의자는 모든 어려움 속에서 기회를 발견한다.
> _윈스턴 처칠

바라보며 성장을 도모할 거야'라고 묻고. 그럴 때 언제나 긍정적인 측면을 바라보며 성장을 도모하곤 한다네."

"알았네. 자네 말이 옳네. 하지만 그렇게 하기가 항상 쉽던가?" 친구가 재차 물었다.

"인생이란 선택일세. 인생의 군더더기를 모두 제거하면 결국 모든 상황은 선택으로 귀결된다네. 상황에 어떻게 반응하느냐는 전적으로 우리의 선택에 달려 있지. 감사를 선택할 수도 있고 근심걱정을 선택할 수도 있네. 하나님의 지혜를 얻는 길을 선택할 수도 있고 분노로 분별력을 잃는 길을 선택할 수도 있네. 우리는 우리가 살고 싶은 삶을 스스로 선택할 수 있다네."

그로부터 몇 개월 동안 마이클의 친구는 그의 말을 곰곰이 생각했다. 그는 한동안 마이클을 보지 못했지만 그를 종종 기억에 떠올렸다. 그렇게 몇 년이 지난 후 그는 마이클이 심각한 사고를 당했다는 소식을 접했다. 마이클은 높은 송신탑에서 추락해 18시간의 대수술을 받고 여러 달 동안 중환자실에서 치료를 받은 후에 척추에 여러 개의 철심을 박은 상태로 병원에서 퇴원했다.

마이클의 친구는 사고가 있은 후 몇 년 뒤에 다시 그를 만났다. 그는 '잘 지내느냐?'고 물었다

"이보다 더 잘 지낼 수는 없지. 나의 상처가 보고 싶나?" 마이클은 웃으며 말했다.

그는 굳이 그럴 필요가 없다고 사양하면서 물었다. "사고가 일어났

을 당시 무슨 생각을 했나?"

"땅 바닥에 누워 있는데 살 것이냐 아니면 죽을 것이냐 라는 두 가지 중에 하나를 선택할 수 있다는 생각이 들더군. 나는 사는 쪽을 선택했네."

"무섭지 않던가?"

"무서웠지. 하지만 응급요원들이 나를 위로했네. 그들은 내가 괜찮을 것이라고 계속 말했네. 그런데 그들이 나를 응급실로 데려갔을 때 의사들의 얼굴 표정을 보고 겁이 더럭 났네. 그들의 눈빛에서 '이 사람은 이미 죽었구나'라는 생각을 읽을 수 있었지. 그 눈빛을 보는 순간 나는 무엇인가 행동을 취해야 할 필요가 있다는 생각이 들었네."

"그래? 그러면 어떻게 했는가?"

"자네도 알다시피 간호사들은 환자가 극심한 고통을 느끼는 동안에도 큰소리로 여러 가지 질문을 던지곤 하지."

"그렇지."

"한 간호사가 '알레르기 반응을 보이는 것이 있나요?'라고 묻더군."

"그래서 나는 '있지요'라고 대답했네."

"그러자 의사들과 간호사들이 치료하던 손을 멈추고, '그래요? 무엇에 알레르기 반응을 보이죠?'라고 묻더군."

"나는 '중력이요'라고 대답했네. 그들이 한바탕 웃음을 터뜨리는 동안 나는 '잘 들으세요. 나는 사는 쪽을 선택했어요. 따라서 나를 죽은 사람이 아니라 산 사람에게 수술을 하듯이 나를 수술해 주기를 바랍니다'라고 말했네."

마이클이 목숨을 구할 수 있었던 이유는 의사들의 솜씨도 솜씨려니와 그가 사는 쪽을 선택했기 때문이다. 우리도 매일 똑같은 선택의 기로에 서 있다. 사는 쪽을 선택하라. 인생을 잘 살려면 마음에 뜻을 품어야 한다.

> 사는 쪽을 선택하라.
> 인생을 잘 살려면 마음에 뜻을 품어야 한다.

앞으로도 얼마든지 좌우로 치우치거나 인생을 헛되이 낭비하지 않고 열매가 가득한 삶을 살아갈 수 있는 희망을 포기하지 말라. 물론 꿈꾸는 것을 다 이룰 수는 없을지도 모른다. 하지만 꿈을 꾸지 않으면 아무것도 이룰 수 없다.

어떤 선택을 내릴 것인가?

성찰의 시간 — LEADING ON EMPTY

코데이로 목사님께

이 편지를 보내는 이유는 제 목숨을 구해 주신 일을 감사하기 위해서입니다. 저는 남아프리카공화국의 작은 해안 마을에서 목회 사역을 하고 있습니다. 최근에 아무 이유 없이 눈물이 쏟아졌습니다. 깊은 실패감이 느껴지면서 사역을 그만두고 싶은 충동이 일었습니다. 문제는 무슨 일이 일어나고 있는지, 또 그 이유는 무엇인지를 전혀 이해할 수 없다는 것이었습니다. 절망에 사로잡힌 저는 아내에게 이혼을 요구할 생각이었습니다.

지난 주, 저의 목사 친구가 목사님이 지도자 모임에서 하신 설교 말씀이 녹화된 DVD 한 장을 제게 주었습니다. 그것을 보면서 제 상황이 목사님이 말하는 것과 똑같다는 사실을 발견했습니다. 저는 즉시 의사를 찾았고, 의사의 말은 목사님의 말을 다시금 확인시켜 주었습니다. 의사는 즉시 저와 대화를 나누면서 회복과 치유를 위한 계획을 마련했습니다. 마침내 저에게 무슨 일이 일어나는지 알게 되었습니다. 물론 이것이 단지 시작에 불과하고 앞으로 갈 길이 멀다는 사실을 잘 압니다.

하지만 하나님은 목사님을 통해 저의 목숨과 결혼생활과 가정과 사역을 구해 주셨습니다. 정말로 감사합니다.

– 남아프리카공화국에서 활동하는 목회자의 이야기

08

마침내 일곱 가지 교훈을 얻다

"지혜 있는 자는 듣고 학식이 더할 것이요 명철한 자는 모략을 얻을 것이라"_잠 1:5.

　나는 나의 삶을 재건해야 할 필요성을 인식했다. 그 외에 다른 대안은 없었다. 먼저 불안증부터 치유해야 했지만 궁극적으로는 삶의 방식을 재조정해야 했다. 나는 삶을 재조정하지 않으면 처음에는 나에게 활력을 주던 것이 결국에는 나를 파괴하는 요인으로 변하게 되리라는 사실을 의식했다.

　나를 그러한 상황으로 내몰았던 요인들과 내면의 동기를 전반적으로 재점검해야 했다. 나의 영혼 안에 깊이 뿌리박혀 있는 습관과 무의식적인 행동 유형을 극복하는 것이 관건이었다. 즉 우울증을 유발시키는 그릇된 습관을 찾아내 개선하는 작업이 필요했다.

　나는 깊은 숲을 빠져나왔지만 아직도 온전히 벗어나지는 못했다. 다시 말해 집중 치료가 필요한 감정 상태는 어느 정도 극복되었지만 관계에서 비롯하는 약간의 문제, 지나치게 빡빡한 일정, 예기치 않은 요구사항 등이 이따금 우울증을 유발시켰다.

상처를 주는 것들이 또한 교훈을 준다.
_벤자민 프랭클린

재발을 조심하라

심신 쇠약에 관해 한 가지 명심해야 할 것이 있다. 그것은 일단 우울증에 걸리면 완전한 치유가 거의 불가능하다는 사실이다. 깊은 숲속에서 길을 잃은 듯한 상황은 아니더라도 숲을 완전히 벗어나기는 어렵다. 몇 가지 실수를 저지르거나 가정에서 문제가 발생하는 경우에는 또다시 부정적인 생각이 떠오르면서 마음이 우울해진다. 그런 때는 모든 활동을 중단하고 혼자서 고독을 즐기며 침착한 마음을 회복하고 싶은 마음이 간절해지기 마련이다.

그런 일이 발생하거든 잠시, 즉 하루만이라도 조용히 혼자 있는 시간을 갖도록 하라.

연료통이 고갈된 상태로 일하는 지도자는 다음 단계로 돌입하기 전에 힘을 충분히 비축할 수 있는 시간이 필요하다. 지도자는 힘을 고갈시키지 않으면서 계속 일을 해 나갈 수 있는 방법을 알아야 한다. 일단 그런 방법을 터득했다면 그것은 많은 대가를 치르고 얻어낸 귀한 교훈이다. 따라서 실수를 되풀이하는 것은 매우 어리석은 일이다.

심신 쇠약을 경험한 사람은 몇 년 동안은 경계선을 따라 걷는 듯한 삶을 살아갈 수밖에 없다. 그 점을 분명히 의식하고 있어야만 이전의 상태로 되돌아가는 잘못을 피할 수 있다. 우울증이라는 감옥을 빠져나왔지만 집에 도착하기까지는 아직도 갈 길이 많이 남아 있기 때문이다.

지혜로워야 한다. 또한 이전과는 다른 방식으로 살아야 한다. 하지만 지나친 자신감은 금물이다. 나도 그런 실수를 저질렀다. 나는 삶의

> 실패로부터 아무것도 배우지 못하는 것이 진정한 실패다.
> _존 파웰

문제들을 잘 헤쳐 나갈 준비가 되어 있지 못했다.

심신 쇠약을 앓고 난 지 일 년이 지나자 나는 다시 기운이 펄펄 넘치기 시작했다. 부교역자와 관련된 문제가 발생하자 나는 다시 전력을 다해 문제를 해결해야겠다는 생각이 들었다. 배가 암초에 부딪치기 전에 서둘러 배의 방향을 안전한 곳으로 돌려놓아야 한다는 마음이 앞섰다. '내가 문제를 해결해야 할 장본인이야'라는 생각에서 내 자신을 힘껏 추슬렀다.

무엇이든 할 수 있다는 자신감이 생겼고, 두 달 동안 열심히 일했다. 활력이 넘치는 것 같아 기분이 좋았다. 활력을 더욱 돋우기 위해 아침마다 진한 커피를 여러 잔 들이켰다. 또한 자연스레 활력이 넘치는 것 같아 운동도 게을리하기 시작했다. 저녁에 잠자리에 들 때는 어서 아침이 되어 일을 했으면 하는 생각이 들었다. 예전의 활력을 완전히 되찾은 듯했다. 나 자신이 천하무적이라는 생각이 들었다. 하지만 그것은 나의 착각에 불과했다.

지혜로워야 한다. 또한 이전과는 다른 방식으로 살아야 한다.
하지만 지나친 자신감은 금물이다.

심장 박동이 다시 불규칙해지기 시작했다. 어느 날 나는 호흡 곤란 증세를 느꼈다. 뭔가 문제가 발생했다는 느낌이 들었다. 나는 즉시 일정을 취소하고 아내와 함께 며칠 동안 휴식을 가졌다. 가까운 곳에 있는 섬을 찾았는데 첫 날에는 몸이 너무 피곤해 그만 자리만 지키고 말았다. 그렇게 며칠이 지나자 나는 다시 정상을 되찾았다. 하지만 정상 상태를 다시 정의해야 할 필요가 있었다. 다시 말해 삶의 방식을 근본적으로 개혁해야 했다.

심신 쇠약을 또다시 거치면서 나는 모두 일곱 가지 교훈을 깨달았다. 이들 교훈을 숙지하면 심신의 유연성을 유지할 수 있고, 올바른 방향을 향해 나아갈 수 있는 지혜를 얻을 수 있을 것이다.

교훈 1 : 과도한 성취욕은 금물이다

나는 그리스도를 영접하기 전에도 항상 성취욕이 지나쳤다. 그리스도를 영접한 이후에도 나의 태도는 조금도 변하지 않고, 노력과 수고의 대상만이 바뀌었을 뿐이다. 나는 하나님을 위해 전력을 다했다.

나는 나의 꿈을 사람들에게 좀처럼 말하지 않는다. 기독교인들 가운데 이상한 꿈 이야기를 하는 사람들이 많아 꿈 해석에 대해 그다지 신뢰가 가지 않았기 때문이다. 하지만 지금부터 말하려는 꿈은 너무나 생생했고, 또 나의 마음에 잊지 못할 교훈을 남겼다.

내일 다시 오세요

두 번째 심신 쇠약 증세가 발생하기 직전에 나는 가족과 함께 작은 농장을 운영하는 한 남자에 관한 꿈을 꾸었다. 꿈에서 사람들이 다양한 제품을 구입하고 있었다. 우유를 사는 사람도 있었고, 잘 익은 토마토를 사는 사람도 있었으며, 치즈나 계란, 또는 옥수수를 사는 사람도 있었다.

그러던 중 한 여성이 농장에 와서 없는 물건을 찾았다. 그러자 그 농부는 '내일 다시 오세요. 더 갖다 놓겠습니다'라고 말했다. 화가 난 여성은 농부에게 못마땅한 표정을 지어 보였지만 더 이상 그를 귀찮게 하지 않았다.

농부는 다시 일을 하기 시작했다. 농장에서의 하루는 늘 그런 식으로 지나갔다. 닭들은 계란을 낳았고, 암소는 우유를 생산했으며, 토마토 가지에서는 하루하루 토마토가 익어 갔다.

사람들은 여전히 농장을 찾았고 물건을 사기 위해 줄을 섰다. 농부가 갖다 놓은 물건들은 모두 동이 났다. 그런 일이 날마다 되풀이되었다. 왜냐하면 농장에서 생산하는 물건들이 가장 신선하고 품질이 좋았기 때문이다. 물건들이 다 동이 나면 농부는 '내일 다시 오세요. 더 갖다 놓겠습니다'라는 말을 되풀이했다.

꿈에서 깨어난 나는 나의 삶과 사역을 새로운 관점에서 바라보기 시작했다. 굳이 더 많이 생산하고, 더 많이 만들고, 또 지난주에 했던 일보다 더 많은 일을 계획함으로써 나를 정신적으로 혹독하게 괴롭힐 이유가 전혀 없다. 단지 하루에 할 만큼만 하면 그것으로 족하다. 한 가지라도 전심을 기울여 하는 것이 중요했다. 그러다가 시간이 다 되면 '내일 다시 오세요. 그때 더 갖다 놓죠'라고 말하면 그만이다.

과도한 성취욕에 사로잡혀 너무 많은 일을 하려다가 한 가지 일도 제대로 처리하지 못하는 탓에 하나님과 그분의 백성에게 누를 끼치거나 나 자신을 가혹하게 대할 필요가 전혀 없다. 재충전의 시간이 필요하다.

나는 나의 삶에 일정한 제한을 두기로 작정했다. 우리의 삶을 적절히 통제할 수 있는 사람은 우리 자신밖에 없다. 그것은 교회 위원회에서 결정해야 할 문제도 아니고, 또 아내의 불평에 못 이겨 억지로 해야 할 문제도 아니다. 문제의 열쇠는 우리 자신에게 있다.

교훈 2 : 체력을 잘 안배하라

지도자의 가장 큰 자산은 시간이라기보다 체력이다. 체력이 왕성한 사람은 그렇지 않은 사람이 사흘 걸려 해야 할 일을 단 네 시간 만에 모두 처리할 수 있다. 체력이 왕성한 아버지는 그렇지 못한 아버지들과는 달리 자녀들과 놀아 주겠다는 생각만 하지 않고 실제로 그들과 함께 여러 가지 활동을 즐긴다.

어떤 책들은 '사랑도 시간이 있어야 가능하다'라고 말한다. 하지만 그 말이 사실인지 잠시 생각해 봐야 할 필요가 있다.

나는 여러 가지 과정을 거치면서 이 중요한 개념을 조금씩 이해해 나갔다. 그러던 중 어느 날 저녁 인도네시아 자카르타에서 저녁식사를 하는 도중에 그 의미를 명확히 이해하기에 이르렀다. 당시 빌 하이벨스와 나는 내가 앞으로 어떤 삶을 살아야 할지 논의했다. 그는 삶의 에너지를 중요한 일에 전략적으로 사용해야 한다고 충고했다. 그는 체력을 의도적으로 안배하면 삶의 에너지가 적절하게 투여되어 이전보다 더 크게 기여할 수 있을 것이라고 설명했다.

빌과 내가 그날 저녁식사로 무엇을 먹었는지는 기억이 나지 않는다. 하지만 그때 호텔 방으로 돌아오면서 마음속으로 생각했던 것은 여전히 생생하다. 당시 나는 생각했다. '나의 체력을 의도적으로 적절히 투여해야 해. 그래야만 나의 사역을 더욱 성공적으로 이끌 수 있어.'

매일 똑같은 사무실에서 수많은 세월을 소비한다고 해서 저절로 생산적이 되는 것은 아니다. 시간이 흐르면 나이를 먹기 마련이지만 나이를 먹었다고 해서 효율적인 사역자가 되리라는 보장은 없다.

물론 '하나님은 결과를 따지기보다 충실함을 더 중요하게 생각하시죠'라고 말할지도 모른다. 하지만 과연 그럴까? 하나님이 주신 귀한 에너지를 삶을 향한 욕구를 자극하거나 마음을 독려할 수 있는 일이 아니라 아무짝에도 쓸모없는 무익한 일에 낭비하는 것이 과연 충실한 것일까?

오랫동안 직업 활동이나 목회 사역을 해 왔지만 결실이 변변찮은 사람들이 많다. 그와는 달리 어떤 사람들은 잘 익은 과실을 풍성하게 내놓은 과수원처럼 적은 시간에 많은 결실을 맺는다. 무엇이 그런 차이는 만들어 낼까? 그것은 시간이 아니다. 중요한 것은 체력 안배다.

우리의 체력은 하루에 사용할 수 있는 한계가 있다. 따라서 체력을 어떻게 안배하느냐에 따라 결과가 달라진다. 나는 젊었을 때만 해도 나의 체력이 몇 시간은 물론, 며칠이나 몇 주 동안 한없이 흘러나오는 줄로 착각했다. 하지만 이제는 하루에 사용할 수 있는 체력에 한계가 있다는 사실을 잘 안다. 굳이 횟수로 따지자면 내가 체력을 투여할 수 있는 횟수는 하루에 모두 일곱 번이다. 나는 그것들을 언제, 어디에 투여할 것인지를 결정해야 한다. 왜냐하면 한번 사용하면 다시 사용할 수 없기 때문이다.

체력이 고갈되면 곧바로 다시 끌어올릴 수 없다. 따라서 나의 체력을 어디에, 어떻게 써야 하느냐가 하루에 내가 결정해야 할 가장 중요한 문제다. 신중하고 현명한 판단을 내리지 못하면 나의 체력은 이메일이나 기타 무익한 활동에 헛되이 낭비된다. 체력을 무익한 활동에 투여하는 습관이 지속되면 결국 심신 쇠약이 초래되어 스트레스로 인한 만성 미열과 같은 증세가 발생한다.

나는 나름대로 나의 체력을 하루에 일곱 번으로 나눠 적절히 투여하는 방법을 터득했다. 물론 각자 자신의 소명과 활동에 따라 체력을 안배해야 할 내용이 달라질 것이다. 하지만 그런 차이에도 불구하고 분명하고 구체적인 목표에 따라 체력을 안배하는 것은 누구나 명심해야 할 철칙이다. 아래 원리는 여러 가지로 변형해서 적용할 수 있다.

나는 하루 중 처음이자 가장 좋은 시간을
경건의 시간에 할애한다.

1. 경건의 시간

아침 일찍 잠에서 일어나면 나는 하루 중 처음이자 가장 좋은 시간을 경건의 시간에 할애한다. "저 장미꽃 위에 이슬 아직 맺혀 있는 그 때에"라는 찬송가 가사처럼 나는 이른 아침에 홀로 하나님 앞에 나간다.

나의 책 〈거룩한 스승〉에서 설명한 대로 나는 매년 구약성경은 한 번, 신약성경은 두 번 통독하는 계획을 세워 실천하는 중이다.

성경을 묵상한 다음에는 깨달은 것을 신앙일지에 적는다. 성경 구절, 깨달은 내용, 적용, 기도 순으로 적는다. 그런 과정을 통해 성령께서 그날 내게 필요하다고 생각하시는 지혜를 얻는다.

2. 설교 준비

매일 조금씩 설교를 준비한다. 토요일까지 설교 준비를 미루지 않고 매일 설교 준비에 적절한 에너지를 쏟아 붓는다.

3, 4, 5. 목회 사역과 리더십의 발휘

나는 체력을 일곱으로 쪼갠 것 가운데 셋을 목회 사역과 리더십 발휘에 쓴다.

목회 활동을 하면서 나는 스스로에게 다음과 같이 묻는다.

* 이 경우에 나의 에너지를 사용하면 나의 삶과 사역 가운데 어떤 부분이 유익한가?

* 어떤 일이 하나님 나라 발전에 이바지할 수 있는가?

* 어떤 사람들을 격려하고 고무하는 것이 필요한가?

* 어떤 사역이 나의 참여를 필요로 하는가?

* 내가 어떤 사역에 참여해야 성장과 결실을 이루는 데 도움이 될 것인가?

* 새 소망 교회의 일 가운데 나의 에너지를 투여할 것과 투여하지 말아야 할 것은 무엇인가?

* 어디에 나의 에너지를 투여해야 사역을 새로운 차원으로 끌어올릴 수 있을까?

6. 부부생활과 가정생활

체력을 일하는 데 모두 소진하면 집에 돌아올 무렵에는 이미 심신이 고갈된 상태이기 때문에 사랑하는 가족들을 위해 아무것도 할 수 없다.

릴레이 경기에서 선두 주자가 체력이 다 소진되어 비틀거리면 바통이 다음 선수에게 제대로 전달될 수 없다. 다음 주자에게 바통을 넘기려면 전속력으로 달려야 한다.

가족은 출발선에서 기다리는 다음 선수에 해당한다. 그들은 우리가 전속력으로 달려와 주기를 기대한다. 가족들을 만나는 순간에 기진맥진한 상태로 흐느적거리는 사역자들이 적지 않다. 그들은 너무 지친 나머지 아무 생각도 없이 비틀거린다. 그러니 가정이 화목하지 못한 사역자들이 그토록 많은 것이 당연하지 않겠는가?

> 사업에서 성공하고 가정에서 실패하는 것은 책임 회피다.
> 일에서 거둔 그 어떤 성공도 가정에서의 실패를 보상할 수 없다.
> _하워드 헨드릭스

7. 나를 위한 활동

나는 운동이 필요하다. 내가 운동을 중단하면 다른 모든 활동에도 곧 문제가 생길 것이다. 사무실을 나설 때 이미 체력이 다 소진된 상태라면 운동을 하고 싶은 마음이 생길 리 없다. 그저 편안한 의자에 몸을 던지거나 바닥에 팔다리를 쭉 뻗고 눕고만 싶을 것이다. 심신이 지친 상태에서는 텔레비전을 보면서 저녁식사를 즐기는 것이 저녁시간을 가장 멋지게 보내는 방법이 될 수밖에 없다.

체력을 잘 안배하지 않으면 몇 년이 채 지나지 않아 직업 활동이나 목회 사역에 투여해야 할 체력을 모두 소진했다는 사실을 깨달을 것이다. 그런 경우에는 다 쓰고 남은 것을 가장 중요한 일에 투여하는 결과밖에 되지 않을 것이다.

가정의 분위기가 경색되고, 하나님께 다 쓰고 남은 것을 드리고, 다이어트 약품이 모든 것을 알아서 해 줄 것이라고 기대한 채 체력 관리를 소홀히하는 잘못을 범할 수밖에 없다. 한마디로, 집이나 감정이나 영혼에 심각한 기근이 찾아올 것이다.

좋든 싫든 관계가 단절되고, 영혼이 피폐해지고, 건강이 약해지는 결과가 나타날 것이다. 그런 징후가 나타나기 시작하면 활발했던 삶이 점차 둔화되며 쇠퇴하기 시작할 것이다. 배우자와의 관계에도 문제가 생기고, 자녀들도 잘못된 길로 치우치고, 하나님과의 관계도 전과 달리 생동감을 잃게 될 것이다.

체력과 인내만 있으면 모든 것을 정복할 수 있다.
_벤자민 프랭클린

체력을 잘 안배하라. 그러면 우울한 시기를 극복할 수 있는 충분한 힘을 비축할 수 있다.

고통을 충분히 겪었으면 더 이상 지체하지 말라. 하나님과 가족들과의 관계가 경색되고 건강에 문제가 생겼다면 서둘러 사역 활동을 줄이고 문제 해결에 집중해야 한다. 그렇지 않으면 심신 쇠약이나 불륜, 또는 이혼과 같은 부정적 결과를 낳을 것이다.

체력을 잘 안배하라. 그러면 우울한 시기를 극복할 수 있는 충분한 힘을 비축할 수 있다.

교훈 3 : 충분한 휴식을 취하라

심신이 지나치게 피곤할 때야말로 우울증이 발병할 수 있는 가장 좋은 순간이다. 예수님은 몹시 피곤하고 지치셨을 때 제자들에게 말씀하셨다. "너희는 따로 한적한 곳에 와서 잠깐 쉬어라" 막 6:31.

우울증을 극복하고 유연성을 회복하는 첫 걸음은 휴식이다. 비록 휴식을 취할 시간이 부족하더라도 의도적으로 휴식 시간을 갖고 새로운 활력을 얻기 위해 노력하라.

사람은 제각기 상황에 따라 휴식의 양이 달라진다. 자명종을 맞춰놓지 말고 자신의 수면 습관을 관찰해 보라. 밤중에 자주 잠에서 깨어난다면 즉시 문제를 해결하기 위해 노력하라. 방음용 귀마개, 따뜻한

> 곡조를 만들어내는 음표 사이에는 공간이 있다.
> _노아 벤샤

우유, 적절한 양의 수면제 등은 문제 해결에 도움이 될 수 있다. 충분한 수면이 필요하다는 사실을 잊어서는 안 된다. 우리 몸과 마음은 휴식을 필요로 한다. 그러한 필요성을 무시해서는 안 된다.

"너희는 가만히 있어 내가 하나님 됨을 알지어다" 시 46:10.

나는 어느 날 우연히 "다시 읽는 시편 23편"이라는 제목으로 그 의미를 현대적으로 새긴 글을 보았다. 저자는 오늘날 우리의 상황을 너무나도 정확히 파헤쳤다.

> 시계는 나의 지배자니 나는 휴식을 취할 수 없으리로다.
> 시계는 내가 기진맥진했을 때만 자리에 눕게 하며, 나를 깊은 우울증에 빠뜨리고, 내 영혼을 몰아세우는도다.
> 시계는 오로지 활동만을 위해 나를 광란의 소용돌이 속으로 인도하는도다.
> 이 일, 저 일을 위해 미친 듯이 뛰어다녀도 내 일을 다 마치지 못할 것은 나의 이상은 높기만 하기 때문이라. 마감일과 인정받고 싶은 욕구가 나를 정신없이 몰고 가나이다.
> 사람들은 내가 소화할 수 있는 일정을 뛰어넘어 무한정 나의 역할을 요구하고 내 머리에 편두통을 선물하니, 나의 이메일 수신함이 차고 넘치나이다.
> 내 평생에 시간에 대한 압박감과 피로가 반드시 나를 따르리니 내가 절망의 굴레를 영원히 벗지 못하리로다. [1]

작곡가들은 음악에서 적절한 휴지부를 두는 것이 얼마나 중요한지 잘 안다. 레가토는 잘못하면 거칠게 느껴질 수 있는 곡조를 부드럽게 이어준다. 그들은 현악기를 이용해 곡조를 만들고, 목관악기를 이용해 소리울림을 만든다. 노아 벤샤는 〈빵장수 야곱 Jacob the Baker〉에서 '곡조를 만들어 내는 음표 사이에는 공간이 있다'라고 말했다.

나는 인생의 노래 안에서 이 진리의 중요성을 발견했다. 지휘자가 계속해서 스타카토를 연주하며 서로 동떨어진 음표를 끊임없이 빠른 속도로 이어나가다가 그만 졸도해 쓰러지기 전에 휴지부를 마련해 두어야 한다. 즉 나의 감정은 좀 더 긴 음표와 더 많은 레가토를 필요로 한다. 다음 단계로 돌진하기 전에 오늘 하루와 이 순간과 현재를 누릴 수 있는 여유가 필요하다. 레가토를 기억하고 인생을 너무 급하게 살지 말라.

하지만 레가토를 발견하는 일은 그리 쉽지 않다.

고쳐 배우기

우리 아버지는 선임하사로 군에서 일했다. 그것은 곧 내가 휴식을 취할 때마다 아버지가 나를 게으르게 생각했다는 뜻이다. 아버지의 근무 태도는 미국에 이민해 온 가족들의 영향에서 비롯되었다. 그들은 잠시도 일손을 놀리지 않았다. 그런 분위기에서 오랫동안 자라 온 나에게는 일종의 콤플렉스가 생겼다. 다시 말해 나는 휴식을 취할 때마다 죄책감을 느껴야 했다.

그런 습관을 극복할 수 없었던 나는 일단 달력에 약속 일정을 빼곡하게 채워 놓곤 했다. 그리고 약간의 공백을 남겨 두고, 그 시간에 휴식을 취하려고 생각했다. 하지만 그것은 이론에 불과했다. 그런 공백들은 종종 장례식, 가족들의 요구, 긴급한 결혼 상담, 자녀들의 활동 등 뜻하지 않은 일로 메워지고 말았다.

더 이상 삶의 속도를 따라갈 수 없다는 사실, 곧 내가 심신 쇠약을 향해 치닫는다는 사실을 의식했을 때조차도 나는 죄책감을 떨치기 위해 강연과 리더십 세미나 일정을 더 많이 잡았다. 심지어는 휴가 중일 때도 나는 사역에 대한 관심을 잠시도 중단하지 못했다.

인생을 너무 급하게 살지 말라.

물을 마셔라

장거리 달리기를 위해 훈련을 받았던 시절이 기억난다. 코치는 일정한 간격을 두고 수분을 공급해야 한다고 지시했다. "15분마다 약 200밀리리터의 물을 마셔야 한다. 항상 시계를 주시하고 수분을 공급해야 할 시간을 놓치지 말라."

"하지만 코치님, 목이 마르지 않으면 어쩌죠?"

"코데이로, 잘 들어라. 목이 마를 때까지 기다렸다가 물을 마시면 너무 늦는다. 그때는 이미 네 몸이 탈수 상태에 이르고 만다. 그렇게 해서는 안 된다."

내가 깨달은 매우 큰 교훈 가운데 하나는 휴식은 죄가 아니라는 사실이다. 휴식을 취하는 것은 게으른 것이나 무가치한 삶을 사는 것과 아무 관계가 없다. 이따금 한숨을 돌린다고 해서 일을 못하거나 교회나 회사에 대한 헌신이 덜하다거나 소명을 이루는 데 소극적이라는 뜻은 결코 아니다. 이것은 참으로 어렵게 터득한 교훈이었다.

일정한 간격을 두고 휴식을 취하는 데서 비롯하는 또 하나의 유익은 아내를 훨씬 더 행복하게 해 줄 수 있다는 것이다. 일정이 특별히 분주할 때면 아내는 달력에 표기된 휴일을 생각하며 지친 심신을 달랠 수 있다. 그것은 또한 내가 연간 계획을 세우는 데도 많은 도움이 된다. 휴일을 미리 알고 있으면 강사 초청을 받아들이거나 어떤 일을 마무리하는 날짜를 계획적으로 정할 수 있다.

**목이 마를 때까지 기다렸다가 물을 마시면 너무 늦는다.
그때는 이미 네 몸이 탈수 상태에 이르고 만다.**

달력에 일정을 적어 넣기 전에 먼저 휴일을 결정하라. 휴식을 맨 나중에 생각해서는 안 된다. 휴식은 가장 우선적인 결정 사안이 되어야 한다. 휴식은 삶의 리듬을 되찾아 주고, 삶을 원활하게 지속할 수 있는 동력을 제공한다. 몸이 피곤하면 영혼도 덩달아 지친다. 영혼이 지치면 예상했던 것보다 더 비싼 대가를 치르게 된다.

젊었을 때는 기진맥진할 때까지 달려도 한 시간 정도면 체력이 다시 회복되었다. 그때는 열심히 달리는 것이 곧 피로회복제였다. 설혹 아침에 다리가 잘려 나갔다고 해도 정오쯤에는 다시 새 다리가 자라날 정도였다. 하지만 지금은 그렇지 않다.

하나님은 우리에게 휴식을 주신다. 하지만 때로 우리는 휴식을 사치로 알고 선뜻 받아들이지 않는다. 우리가 참여하지 않으면 세상이 제대로 돌아가지 않을 것이라는 생각이 우리를 지배한다. 우리는 해야 할 일이 너무 많기 때문에 쉴 시간이 없다고 생각한다. 하지만 하나님은 이렇게 말씀하신다. "너희는 아무 일이든지 하지 말라 …… 이는 너희의 쉴 안식일이라 너희는 너희 영혼을 겸손하게 하고(한글 개역성경은 '스스로를 괴롭게 하고'라고 번역했다)" 레 23:31-32.

"영혼을 겸손히 하라"는 것은 일을 다 마칠 때까지 휴식을 취하지 않으면 결코 쉬지 못할 것이라는 의미다. 사실 일은 아무리 해도 다 끝마칠 수 없다. 따라서 일을 하는 동안에도 일손을 멈추고 휴식을 취해야 한다.

휴식을 취한다고 해서 내가 불필요한 존재라는 뜻일까?

선뜻 받아들이기 어렵겠지만 세상은 하루 정도 우리가 참여하지 않아도 아무 탈 없이 잘 돌아간다. 심지어 우리가 유명을 달리한 후에도 세상은 변함없이 잘 돌아갈 것이다. 인정하기 힘들겠지만 사실이다. 미리 휴일을 정해 놓고 휴식을 취할 때는 나 자신이나 내가 기울인 많은 노력이 아니라 하나님이 모든 결과를 주관하신다는 사실을 상기해야 한다. 내가 절대적으로 필요한 존재라는 생각을 버려야만 편안한 휴식을 즐길 수 있다. 건강의 회복은 그런 생각을 버리는 데서부터 시작한다.

> 휴식은 삶의 리듬을 되찾아 주고,
> 삶을 원활하게 지속할 수 있는 동력을 제공한다.

안식일의 휴식을 등한시하면 우리의 영혼에 문제가 발생한다. 다시 말해 신경과민, 불안, 교만과 같은 증세가 나타나기 시작한다.

시편 저자는 이렇게 말했다. "너희가 일찍이 일어나고 늦게 누우며 수고의 떡을 먹음이 헛되도다 그러므로 여호와께서 그 사랑하시는 자에게는 잠을 주시는도다" 시 127:2.

안식일에 우리의 영혼을 겸손하게 하시는 하나님

이런 진리를 명확히 이해하게 되었던 때가 기억난다. 아내와 나는 하와이로 이주하기 전에 오리건 주 유진에서 살았다. 나는 캘리포니아에서 2주 동안 강연 일정이 꽉 짜여 있었다. 그 가운데 하나는 규모도 크고 지명도도 높은 남성 수련회에서의 강연이었다. 나는 기조 강연을 맡았던 강사였다.

나는 오랫동안 안식일 휴식을 취하지 못한 채 파김치가 되어 시속 120킬로미터로 이곳저곳 강연 장소를 돌아다녔다. 2주 동안 잠시도 쉴 시간이 없이 일을 하다 보니 몸이 아프기 시작했다.

> 아무 거리낌없이 강가에서 하루를 보낼 수 있는 것이 성공한 사람의 표징이다.
> _작자 미상

결국 나는 병원에 가야 했다. 나는 의사에게 내가 해야 할 일을 모두 할 수 있도록 뭔가 조처를 취해 달라고 말했다. 그러자 의사는 '활동을 하시면 안 됩니다' 라고 진찰소견을 밝혔다.

"왜요 선생님?"

"양쪽 폐에 모두 폐렴이 발생했기 때문입니다."

나는 고집을 부렸다. "무엇인가 처방을 해 주세요. 주사 같은 것 말입니다. 일을 해야 하거든요."

"안 됩니다. 휴식을 취하지 않으면 목숨을 잃을 겁니다." 의사는 단호했다.

나는 잔뜩 풀이 죽어 집으로 돌아왔다. 몸이 너무 아파 다음 날 아침에는 침대에서 일어날 수도 없었다. 억지로 몸을 일으키려고 했지만 천장이 빙빙 돌기 시작했다. 나는 다시 침대에 누웠고, 그렇게 2주 동안 꼼짝없이 자리보전을 해야 했다.

아내는 내 강연 약속을 모두 취소했다. 나는 화가 났고 몹시 당황스러웠다. 특히 절대로 취소할 수 없다고 생각했던 약속이 몇 개 있었기 때문이다. 그 가운데 하나가 앞서 말했던 남성 수련회였다. 나는 그 수련회가 나 때문에 차질을 빚을까 걱정스러웠다.

2주 동안 침대에 꼼짝 없이 누워 있어야 했던 것도 불쾌했지만 그보다 더욱 불쾌했던 것은 2주 후에 수련회 주최자에게 전화를 걸어 미안하다고 말했을 때 들은 말이었다. 그는 매우 밝은 목소리로 이렇게 말했다. "괜찮습니다. 마지막 순간에 다른 강사를 구했거든요. 그의 강연은 참으로 훌륭했습니다. 하나님이 참으로 놀라운 역사를 일으키셨습니다. 다음해에도 그를 다시 초청할까 생각중입니다."

그 말을 듣는 순간 이런 고약한 생각이 떠올랐다. '하나님이 역사하셨을 리가 없어. 내가 그곳에 없었잖아. 하나님이 놀라운 역사를 일으키셨다는 말은 그만둬.'

하지만 하나님은 지금도 그렇게 하시고 앞으로도 그렇게 하실 것이다. 그분은 말씀하신다. "내가 너의 영혼을 안식으로 겸손하게 할 것이다. 네가 있어야만 무슨 일이 되는 것은 아니다. 나 스스로 나의 사역을 행할 수 있다."

우리가 휴식을 취할 때 하나님은 그분의 사역을 계속 행하신다. 휴식을 마치고 사역을 다시 재개할 때면 우리는 겸손해진 영혼으로 주님이 명령하시는 일에 다시 매진할 수 있다. 다시 말해 다시 충실한 종이 되어 돌아오는 것이다.

우리의 영혼이 우리를 따라오게 하자

어떤 사람이 외국에 나가 정글 탐험을 시작했다. 그는 지역 주민들 가운데서 안내자 몇을 고용해 탐험을 돕게 했다. 그는 늦게 그곳에 도착했기 때문에 일정이 이미 사흘이나 늦은 상태였다. 탐험대 본진은 그를 뒤에 놔둔 채 먼저 길을 떠났다. 고용된 안내자들은 본진을 따라잡기 위해 급히 서둘렀다.

정글의 열기 속에서 온 종일 발걸음을 재촉해야 했던 사람들은 저녁에 모닥불을 지핀 자리에서 모두 지쳐 떨어졌다. 다음 날 아침 일찍 그는 호루라기를 불며 소리쳤다. "모두 일어나요. 어서 갑시다. 본진을 따라 잡아야 해요."

사람들은 벌떡 자리에서 일어나 짐을 들쳐 메고 다시 뛰었다. 태양이 진 후에도 오랫동안 그들은 여행을 계속하다가 다시 녹초가 되어 쓰러졌다. "이런 속도로 가다 보면 본진을 따라잡을 수 있겠어."

그는 주변은 돌아보지 않은 채 흡족해 했다. 다음 날 아침에도 그들은 일찍 일어나서 하루 종일 달렸다. 나흘 째 되던 날 그는 벌떡 일어나더니 소리쳤다. "오늘은 본진을 확실하게 따라잡을 수 있을 거요. 어서 갑시다."

하지만 고용된 안내자들은 꺼져 가는 불가에 둘러 앉아 막대기로 타다 남은 불을 휘적거리고 있었다. "지금 당장 출발해야 하오." 그가 재촉했다.

안내자들 가운데 우두머리가 대답했다. "더 갈 수 없습니다".

그는 화난 목소리로 말했다. "본진을 따라잡을 수 있게 도와주기로 하고 당신들을 고용했지 않소."

그러자 그 우두머리는 단호하고 침착한 표정으로 대답했다. "우리는 하루 종일 달릴 수 없어요. 당신은 지난 사흘 동안 우리를 너무 몰아쳤어요. 이제 우리의 영혼이 우리를 따라올 수 있게 하려면 하루 종일 휴식을 취해야 합니다."

적당히 휴식을 취하면서 일하자.
그리고 우리 영혼이 우리를 따라오게 하자.

적당히 휴식을 취하면서 일하자. 그리고 우리 영혼이 우리를 따라오게 하자. 그래야만 하나님이 요구하시는 일을 전심으로 행할 수 있다. 휴식이 없으면 고갈된 상태로 사역을 이끄는 잘못을 범할 수밖에 없다.

적절히 수면을 취하라

언제 하루가 시작하는가? 하루가 시작되는 시간은 언제인가? 이렇게 물으면 사람들은 흔히 대답한다. "그야 물론 내가 잠자리에서 일어날 때죠."

하지만 창조 기사를 살펴보자. 창세기에 보면 하나님이 날을 창조하셨을 때 "저녁이 되며 아침이 되니 이는 첫째 날이니라"창 1:5라는 표현이 사용된 것을 알 수 있다. 이 표현은 하나님이 창조 사역을 해 나가시는 동안 계속 반복된다.

"저녁이 되며 아침이 되니 이는 둘째 날이니라"창 1:8.

다시 말해 하나님은 하루를 아침이 아니라 저녁에서부터 시작하셨다. 우리의 하루는 우리가 잠자리에서 일어날 때 시작하지 않는다. 하루는 잠자리에 드는 순간에 시작한다. 한마디로 새 날의 시작을 알리는 것은 커피가 아니라 휴식이다.

오랫동안 나도 잘못된 생각을 가졌다. 나는 하루가 아침에 시작한다고 생각했다. 하지만 하루는 저녁의 휴식에서부터 시작한다. 나는 성경의 증언에 따라 나의 잘못된 생각을 고쳐야 했다. 단거리 경주의 승패는 대개 첫 출발에서 이미 결정된다. 요즘 나의 하루는 점점 짧아지고 있다(최소한 겉으로 그렇게 보인다). 따라서 좀 더 나은 출발, 곧 저녁부터 하루를 시작하는 것이 필요하다.

경주에서 이기는 방법은 두 가지다. 하나는 다른 사람들보다 더 빨리 달리거나 출발을 빨리하는 것이다. 달리기 경주에서 먼저 스타트를 하는 것은 반칙에 해당하지만 실생활에서는 지혜에 해당한다. 그것은 올림픽에서는 규칙 위반이지만 기독교인에게는 성경적이다.

잠을 잘 때는 올바른 수면 규칙에 따라야 한다. 우리는 렘수면이 이루어지는 동안에 가장 깊은 잠을 잔다. 렘수면은 대개 오후 11시부터 오전 3시 사이에 이루어진다. 그때 가장 깊은 수면이 이루어진다. 따라서 오전 1시에 잠자리에 들었다면 가장 깊은 수면을 취할 수 있는 기회가 절반으로 줄어든다. 오전 9시까지 잠을 자면 8시간의 수면이 이루어질 것으로 생각하겠지만 그것은 오산이다. 그것은 수면 시간일 뿐 휴식은 아니다. 그런 경우에는 깊은 수면이 이루어지지 않기 때문에 정오까지 잠을 자더라도 몸이 무기력하고 활력이 솟지 않는다.

내 말은 늦게 잠자리에 들지 말고 일찍 잠자리에 들라는 뜻이다. 예를 들어 오후 8시에 잠자리에 들어 오전 5시에 기상하라. 그러면 9시간 동안 수면을 취할 수 있다. 나는 매일 오전 5시에 기상한다. 휴식을 충분히 취했으니 기분도 좋고, 하루를 살아갈 준비가 충실히 이루어진 셈이다. 하나님이 우리의 육체를 위해 계획하신 대로 따를 때 우리는 훨씬 더 건강한 삶을 살아갈 수 있다.

일찍 잠자리에 드는 습관을 길러라. 올바른 수면을 취해 충분히 휴식이 이루어지도록 하라.

교훈 4 : 운동을 시작하라

기분이 우울하고 항상 피로감이 떠나지 않을 때는 운동화를 챙겨 신고 체육관에 나가고 싶은 마음이 선뜻 들지 않는다. 하지만 운동은 우리의 육체와 정신 건강에 매우 중요한 영향을 미친다.

다양한 연구조사에 따르면 균형 있는 육체 활동이 이루어지면 우울증을 극복하는 데 크게 도움이 된다고 한다. 예를 들어 어떤 연구조사는 운동(일주일에 에어로빅 세 차례)이 우울증의 증세를 완화시키는 데 약물 처방 못지않은 효과를 나타낸다는 사실을 확인했다.

또한 일 년 동안 운동을 꾸준히 해 온 사람이 약물을 복용한 사람보다 우울증 재발 가능성이 훨씬 낮았다는 사실이 같은 연구조사를 통해 밝혀졌다. 그러한 연구조사 결과가 2000년에 〈심신 의학 Psychosomatic Medicine〉에 실렸다. 그 밖에도 2005년 〈미국 예방 의학 저널 American Journal of Preventive〉에도 일주일에 3회에서 5회에 걸친 적절한 에어로빅이 우울증 증세를 거의 절반으로 낮출 수 있다는 사실이 발표되었다.

규칙적인 운동은 다음과 같은 효과가 있는 것으로 입증되었다.

* 스트레스와 불안감과 우울한 기분을 완화시킨다.
* 낮아진 자긍심을 높여 준다.
* 행복감을 증진한다.
* 긍정적인 사고를 자극한다.
* 잠을 푹 잘 수 있게 해 준다.

이 밖에도 운동은 다음과 같은 효과를 나타낸다.

* 심장을 튼튼히 한다.
* 몸의 산소 사용 능력을 증대한다.
* 활력을 높여 준다.
* 혈압을 낮춰 준다.
* 근 긴장도와 근력을 높여 준다.
* 체지방을 감소시킨다.
* 날씬하고 건강한 몸을 유지하게 해 자긍심을 높여 준다.

운동을 시작하는 방법에 관해 잠시 조언하면 다음과 같다.

작게 시작하라

오랫동안 텔레비전만 보다가 갑자기 마라톤 훈련을 시작하지 말라. 그럴 경우에는 실망과 고통 속에서 의욕이 저하될 것이다.

"작게 시작하되 당장 시작하라."

이것이 방법이다. 준비가 되었다고 생각될 때나 건강 상태가 양호해질 때까지 기다리지 말라. 건강해지는 방법은 오직 운동뿐이다.

도시 마라톤 대회에 신청서를 내기보다 천천히 운동량을 늘려 가라. 처음에는 일주일에 사나흘 정도, 또 짧은 시간 동안 조금씩 운동을 시작하라. 그렇게 한두 주가 지난 뒤에는 운동량을 늘려 일주일에 나흘, 한 번에 30분 정도 운동을 지속하라. 너무 심한 운동을 하면 육체가 생존 상태로 돌입해 몸의 균형이 어그러진다. 이것이 천천히 운동을 시작해 그 양을 점차 늘려 가야 하는 이유다.

작게 시작하되 당장 시작하라.

운동시간을 나눠라

한 번에, 또는 한 가지 운동만으로 하루치 운동을 모두 끝내려고 하지 말라. 요즘에는 운동 시간을 작게 나눠 하루에 여러 번, 또 여러 형태의 운동을 하는 사람들이 많다. 예를 들어 15분씩 세 차례에 걸쳐 걷기를 하는 것이나 45분 동안 한꺼번에 걷기를 하는 것이나 똑같다.

운동을 너무 힘들게 하려고 하지 말라. 한꺼번에 많은 운동을 해 다음 날 아침에 수퍼맨이 되려고 하지 말라. 그런 일은 결코 없다. 대신 운동시간을 조금씩 나눠 무리가 없게 하는 편이 더 낫다.

자신이 좋아하는 운동을 찾아라

지당한 말인 듯하지만 사실 좋아해서가 아니라 건강에 이롭다는 이유로 운동을 선택하는 사람들이 많다. 입에는 쓰지만 건강에는 좋은 약을 선택하는 것처럼 운동을 선택하면 그것을 진정으로 즐기기가 어렵다. 선택할 수 있는 운동도 많고, 또 본인이 진정으로 즐길 수 있는 운동도 많다는 사실을 기억하라.

내가 일인용 카누를 좋아하는 이유는 건강에 좋아서가 아니라 내 취향에 맞기 때문이다. 나는 파도타기를 좋아한다. 그 사실을 발견하기 전까지는 2시간의 에어로빅이 내가 선택한 운동이었다. 등산, 승마, 재미있는 스포츠교실 등 무엇이든 좋다. 본인이 진정으로 좋아하는 운동을 찾을 때까지 다양한 형태의 운동을 시도하라.

친구들과 함께 운동하라

홀로 하는 운동은 절제력이 강하지 않으면 오래 지속하기 어렵다. 하지만 다른 사람들과 운동을 함께 하면 운동을 끈기 있게 유지해 나가는 데 많은 도움이 된다. 운동을 같이 할 친구를 찾아라. 배우자나 친구와 운동을 함께할 수 있는 시간과 날을 정하라. 나의 아내는 친구들과 정기적으로 테니스를 즐긴다. 예를 들어 에어로빅 교실에 나가 운동을 하면 운동을 지속하기가 쉽다.

운동을 일상화하라

　일상생활을 하는 동안 시간과 장소가 허락할 때마다 운동에 관심을 기울이라. 예를 들면 엘리베이터보다 계단을 이용하라. 자동차를 좀 먼 곳에 주차하면 왔다갔다 걷는 데 도움이 된다. 멀지 않은 우체국에 갈 때는 차를 이용하지 말고 걸어가라. 그러면 운동도 되고 연료도 절약할 수 있다. 행동 습관을 조금씩 변화시키면 건강에도 이롭고 우울하고 단절된 감정 상태를 극복하는 데도 크게 도움이 된다.

　연구조사에 따르면 운동은 긴장 완화에 크게 유익하다고 한다. 스트레스 해소에는 운동만한 것이 없다. 적당한 운동은 몸의 상태를 최상으로 유지하는 데 많은 도움이 된다.

교훈 5 : 올바른 음식을 섭취하라

　우리는 기존 식습관을 바꾸고 영양가가 더 높은 음식을 선택하라는 말을 마치 죽으라고 하는 말처럼 받아들일 때가 많다. 하지만 그럴 필요 없다. 우울증을 완화시키는 데 도움이 되는 특정한 음식은 없지만 우울증 치료 과정에는 식습관을 개선해 올바른 음식을 섭취하게 하는 방법이 포함된다. 음식과 감정이 서로 밀접하게 관련되어 있다는 사실이 여러 가지 연구조사를 통해 속속 드러난다.

　식습관의 변화는 생리학적이고 화학적인 변화를 유발시킨다. 그런 변화는 감정과 정신을 새롭게 개선할 수 있다. 건강한 식습관을 위한 조언 네 가지를 제시하면 다음과 같다.

1. 영양가가 높은 음식을 섭취하라

음식의 영양분은 육체를 치유하고, 자라게 하고, 건강하게 하는 데 기여한다. 패스트푸드나 감자튀김, 또는 과자류를 피하고, 야채를 즐겨 먹어라. 가능하면 채식을 즐겨라. 식사 음식 중에 과일이나 채소와 같은 음식이 최소한 60퍼센트를 차지해야 한다.

2. 산화방지 효과가 있는 음식을 섭취하라

일상생활을 하는 동안 우리 몸에서는 활성산소라고 불리는 손상된 분자가 발생한다. 이들 활성산소는 노화와 기능장애를 초래한다. 연구조사에 따르면 뇌가 활성산소에 특히 취약하다고 한다. 산화방지에 효과가 있는 물질은 베타카로틴, 비타민 C와 E이다.

* 베타카로틴이 함유된 음식 : 살구, 브로콜리, 캔털루프(멜론의 일종), 당근, 콜라드(케일의 일종), 복숭아, 호박, 시금치, 고구마.
* 비타민 C가 함유된 음식 : 블루베리, 브로콜리, 자몽, 키위, 오렌지, 고추, 감자, 딸기, 토마토.
* 비타민 E가 함유된 음식 : 마가린, 견과류, 씨앗, 식물성 기름, 맥아.

3. 탄수화물의 진정 효과를 기억하라

탄수화물과 감정의 상호관계는 감정을 주관하는 뇌세포 전달물질인 세로토닌에 근거한다. 탄수화물을 다량으로 함유한 음식(빵, 시리얼, 파스타)을 적당히 섭취하면 뇌에서 세로토닌 수치가 증가한다. 세로토닌 수치가 증가하면 진정 효과가 나타나 불안감이 덜해지고, 기분이 크게 좋아진다.

4. 단백질이 풍부한 음식을 섭취하라

칠면조나 참치, 또는 닭고기처럼 단백질이 풍부한 음식은 타이로신이라고 불리는 아미노산이 많다. 타이로신은 도파민이라는 뇌신경전달물질의 수치를 증가시킨다. 도파민이 증가가면 정신이 맑아져 집중력이 향상된다. 단백질이 풍부해 정신을 맑게 하는 데 도움이 되는 음식에는 콩, 기름기가 적은 소고기, 저지방 치즈, 생선, 우유, 가금류, 콩 가공식품, 요구르트 등이다.

교훈 6 : 매일 재충전하라

솔로몬은 "무릇 지킬 만한 것보다 더욱 네 마음을 지키라 생명의 근원에 이에서 남이니라" 잠 4:23라고 말했다.

마음은 생명의 근원이자 영혼의 수원지다. 수원지를 밖에서부터 안으로 정화하는 것은 불가능하다. 오직 창조주요 생명의 주관자이신 하나님만이 마음 깊은 곳에서 생명 에너지가 솟아오르게 하실 수 있다.

그분은 우리의 마음을 달아보시고, 새롭게 하시고, 재충전하신다. 이렇듯 재충전은 영혼의 수원지에서부터 시작되어야 한다.

수원지를 정결하게 하라

젊은 시절에 목회자로 일할 때 일 년 행사 가운데 가장 큰 비중을 차지했던 것은 여름 캠프였다. 하지만 우리의 캠핑은 그다지 낭만적이지 못했다. 태고의 숲속에서 개인 욕실이 갖춰진 침실에서 좋은 음식과 아름다운 예배를 즐기는 것과는 거리가 멀었다. 우리의 캠핑 장소는 주 정부에서 운영하는 곳으로 시설이라고는 3면만 벽이 설치되어 있는 오두막과 판자로 된 침상이 고작이었다. 딱딱한 판지 위에서 잠을 자지 않으려면 알아서 매트를 챙겨 와야 했다.

물은 근처에 있는 샘물에서 길어 썼다. 샘물에서는 물이 흘러나와 공원으로 이어지는 작은 시내를 이루었다. 샘물의 수원지는 우리가 알지 못하는 숲속 어딘가에 있었다. 그나마 마실 물과 음식 조리에 사용할 물을 얻을 수 있어 그저 고마울 뿐이었다.

매주 삼림 경비원이 그곳에 와서 물의 오염도를 측정했다. 그는 대개 눈에 띄지 않게 조용히 왔다가 사라졌다. 하지만 그날은 예외였다. 그는 어린아이 몇 명과 함께 있는 나를 발견하고 내게 당부했다. "제가 돌아올 때까지 저 물을 마시지 마세요."

수태 고지를 받은 마리아처럼 나는 그의 말이 무척이나 의아했다. "무엇 때문인데요? 우리는 이미 지난 이틀 동안 물을 마셨어요."

그러자 그는 "더 이상 마시지 마세요. 박테리아 수치가 너무 높아요. 가서 조사해 봐야겠어요."

그는 고무장화를 신고 삽을 든 채 총총히 사라졌다. 얼마 뒤 뱃속이 부글거리기 시작했다. 이후 집에 돌아올 때까지 나는 화장실을 끼고 지내야 했다.

몇 시간 후에 그가 돌아와서 '됐습니다. 이제 물을 마셔도 됩니다'라고 말했다.

"물을 마실 수 없었던 이유를 설명해 줄 수 있나요?"

삼림 경비원은 박테리아 수치가 높다는 것은 물이 오염되었다는 뜻이라고 말하면서 조사를 했더니 실제로 그런 일이 있었다고 설명했다. 그는 수원지에 사슴 한 마리가 널브러져 있는 것을 발견했다고 말하면서 죽은 지 2주일이 지나 부패하기 시작했다고 덧붙였다. 내가 화장실을 들락거릴 수밖에 없었던 이유를 알 수 있었다.

수원지에서 문제가 발생하면 다른 모든 것에 영향이 미치기 마련이다. 물을 끓이거나 정수하거나 정화시킬 수 있을 테지만 문제를 근본적으로 해결하려면 수원지를 깨끗하게 해야 한다.

삶에서 경건의 시간은 바로 그러한 역할을 했다. 나의 목표는 매일 한 시간씩 성경을 연구하는 것이 아니라 성경이 나를 연구하게 하는 것이다. 성경은 이렇게 말씀한다. "하나님이여 나를 살피사 내 마음을 아시며 나를 시험하사 내 뜻을 아옵소서 내게 무슨 악한 행위가 있나 보시고 나를 영원한 길로 인도하소서" 시 139:23-24.

> 미래를 움직이는 핸들은 두 가지다.
> 우리는 믿음의 핸들과 두려움의 핸들 가운데 하나를 선택할 수 있다.
> _헨리 워드 비처

다윗은 하나님께 마음의 동기를 감찰하시어 영혼을 고갈시키고 자신의 삶에 악영향을 미칠 것이 있는지 깨닫게 해 달라고 기도했다.

마음을 새롭고 깨끗하게 하는 데는 성령 충만이 반드시 필요하다. 성령께서는 우리의 깊은 내면을 새롭게 하신다. 그 어떤 재충전 방법도 성령 충만의 효과를 능가할 수 없다. 외국의 휴양지에서 휴가를 즐기는 것은 편안하고, 브로드웨이에서 연극을 보거나 NFL 풋볼 결승전을 관람하는 것은 재미있고, 저명한 저자의 강연을 듣는 것은 지성을 자극하고, 좋아하는 스포츠를 즐기는 것은 다소 피곤하더라도 기분 전환에 도움이 될 수 있다. 하지만 성령 충만을 통해 마음이 새로워지는 효과에는 결코 미치지 못한다.

성령께서 내면의 연료통을 가득 채워 주시면 나는 가족들과 어울리고 아내와 즐겁게 지낼 수 있는 시간과 에너지를 비축할 수 있다.

> 나의 목표는 매일 한 시간씩 성경을 연구하는 것이 아니라
> 성경이 나를 연구하게 하는 것이다.

매일 아침을 새롭게 시작하라

잠을 자고 나면 새 날, 곧 하나님이 허락하신 새로운 기회의 문이 열린다. 하나님은 우리에게 새로운 시작을 필요하다는 사실을 잘 알고 계셨다. 새로운 시작이 필요하지 않았다면 하나님은 우리의 인생이 단번에 다 지나가도록 하셨을 것이다. 하지만 하나님은 우리의 필요를

아시고 우리 인생을 조금씩 나누어 한 해, 한 해 진행하게 배려하셨다.

일 년은 365일로 구성되었고, 해가 바뀔 때마다 모든 것이 새롭게 시작한다. 또한 하나님은 일 년에 사계절을 두시어 분기마다 새로운 시작이 가능하게 하셨다. 심지어는 분기로 그치지 않고 달의 변화에 따라 한 달이라는 시간이 순환을 이루게 하셨으며, 그것으로도 부족하신 듯 달을 다시 날로, 날을 다시 24시간으로, 한 시간을 60초로 나누시어 새롭게 시작할 수 있는 기회를 무한정 제공하셨다.

"여호와의 자비와 긍휼이 무궁하시므로 우리가 진멸되지 아니함이니이다 이것이 아침마다 새로우니 주의 성실이 크도소이다" 애 3:22-23. 이 말씀대로 우리는 늘 새롭게 시작할 수 있다.

우리는 새로운 시작이 필요하다. 하나님은 우리 안에 그런 갈망을 두셨다. 지난날의 슬픔과 기쁨, 실패와 승리는 모두 주님의 손에 맡겨야 한다. 그것들은 더 이상 나의 것이 아니다. 어제의 승리만을 곱씹거나 과거에 잘 했던 일만 생각하며 오늘을 살 수는 없는 노릇이다. 또한 지난날의 슬픔에 얽매여 미래를 암울하게 생각해서도 곤란하다. 새로운 시작은 새로운 잠재력을 발휘할 수 있도록 도와준다.

몇 주 전 아내와 함께 골프를 쳤는데 어이없는 드라이브샷을 날리고 말았다. 공을 때렸는데 공이 갑자기 바람에 실려 날아가는 듯한 현상이 일어났다. 하늘로 높이 치솟은 공은 오른쪽으로 예리하게 치우치면서 집 두 채를 넘어 바위 지역 어딘가로 사라졌다.

나는 속으로 '안 돼'라고 소리쳤다. 두 차례의 벌타가 주어지는 실수였기 때문이다. '그렇지 않아도 점수판이 엉망인데 또다시 두 차례의 벌타라니!' 속으로 불평을 토로하지 않을 수 없었다.

그 순간 아내가 나를 돌아보며 말했다. "여보, 멀리건으로 하세요."

멀리건은 최초의 샷이 잘못되었을 때 벌타 없이 다시 치게 하는 편법을 가리킨다.

순간 아내를 바라보면서 이런 생각이 떠올랐다. '이래서 내가 이 여자와 결혼했나?'

하루 일을 마감하면서 다음과 같은 대화를 상상할 수 있다면 참으로 좋지 않겠는가?

"오, 하나님. 무슨 말을 해야 할지 모르겠습니다. 오늘 하루는 엉망진창이었습니다."

그러면 주님은 미소를 지으며 말씀하신다. "멀리건으로 하거라. 다시 해 봐. 내일 다시 시도하고 일단 휴식을 취하려무나."

주님은 실제로 우리에게 늘 새로운 기회를 주신다. 물론 그렇다고 우리의 죄를 축소하거나 문제나 실수를 부인하라는 말은 아니다. 우리는 하나님의 방식대로 그런 문제를 옳게 처리해야 한다. 대개는 그렇지만 어떤 때는 다시 시작할 수 있다는 사실을 망각할 때가 있다.

주님은 '너를 용서하겠다. 다시 시작해라'라고 말씀하시는데 우리는 '안 됩니다. 못해요. 기분이 너무 안 좋아요. 나를 죽이고 싶어요'라고 말한다.

주님은 그런 우리에게 거듭 말씀하신다. "그래도 다시 한 번 해 보

> 어떤 역경이 닥치더라도 계속 올라가라.
> 역경은 정상에 이르는 디딤돌에 불과하다.
> _다이앤 웨스트레이크

지 않겠느냐?"

매일 아침 새 날이 밝을 때마다 주님은 우리에게 새로운 기회를 주신다. 새 날을 맞이하면 대개 새로 시작할 수 있다는 마음이 생긴다. 이것이 하나님이 우리에게 24시간으로 이루어진 날을 허락하신 이유이다. 우리는 하루를 주기로 휴식과 일을 반복한다. 휴식은 우리에게 새로운 관점과 기회를 제공한다.

다윗은 "저녁에는 울음이 기숙할지라도 아침에는 기쁨이 오리로다"시30:5라고 말했다.

랠프 월도 에머슨은 이렇게 말했다.

"하루하루를 마감하라. 할 수 있는 일을 했으니 그것으로 족하다. 실수나 잘못이 있을 수도 있다. 하지만 될 수 있는 대로 빨리 잊어라. 내일은 새로운 날이다. 과거의 허튼 생각에 얽매이지 않고 평온한 마음과 고양된 정신으로 새 날을 시작할 수 있다."

교훈 7 : 가족을 위해 싸워라

일전에 누군가가 등대 밑이 가장 어둡다고 말했다. 이 말은 목회자의 가정에 고스란히 적용된다. 목회자나 기독교 지도자들 가운데는 멀리 수평선까지 밝은 빛을 드리우며 지나가는 배들에게 위험을 경고하면서도 정작 자기 집에 홍수가 밀어닥치는 것을 알지 못하는 이들이 많다.

나의 가장 중요한 5퍼센트는 가정의 화목과 건강이다. 이는 다른 사람들의 경우도 마찬가지일 것이다. 가족을 위해 싸워라. 하나님과 이스라엘의 원수들이 성벽 재건을 방해하려고 했을 때 느헤미야가 동포들에게 담대히 싸우라고 권했듯이 우리도 가정을 위해 힘써 싸워야 한다.

용기 있는 총독 느헤미야는 이렇게 말했다. "내가 돌아본 후에 일어나서 귀인들과 민장과 남은 백성에게 고하기를 너희는 저희를 두려워 말고 지극히 크시고 두려우신 주를 기억하고 너희 형제와 자녀와 아내와 집을 위하여 싸우라 하였었느니라" 느 4:14.

목회자는 언젠가는 오랜 목회 사역을 마치고 교인들에게 작별 인사를 고한 뒤 짐을 꾸리고 아쉬움을 달래며 교회를 떠나게 될 것이다. 교회를 떠난 목회자가 갈 곳은 단 한 곳뿐이다. 그곳은 바로 가정이다.

가족을 위해 싸워라. 가정을 잘 세우지 못하면 은퇴 후에 갈 곳이 없다. 그런 경우에는 책과 공책이 가득 담긴 상자들을 문 앞에 내려놓지만 선뜻 문을 열고 들어가지 못하고, 단지 가족을 등한시하고 직장이나 사역, 또는 경력을 앞세웠던 지난날의 잘못만이 깊은 회한으로 남게 될 것이다. 가족의 중요성을 일찍부터 깨달아야 한다. 성공의 제단에 결혼생활과 가정생활을 희생 제물로 바치는 이들이 너무 많다. 성공을 위해 가정을 희생시키는 것은 어리석은 일이다.

가족을 위해 싸워라.
가정을 잘 세우지 못하면 은퇴 후에 갈 곳이 없다.

이것은 주관적인 판단이 아니라 엄연한 사실, 곧 삶의 현실이다. 교인들은 나의 가정을 사랑하지만 그렇다고 나를 대신해 나의 가정을 위해 싸워줄 사람은 아무도 없다. 그것은 나의 몫, 곧 하나님이 나에게 부과하신 과업이다. 다른 사람들은 나의 시간과 관심을 요구할 뿐 나의 가정을 위해 싸워 주지 않는다.

우리 딸 둘은 노스웨스트에 살고 아들은 하와이에 산다. 우리는 서로 늘 연락을 주고받는다. 아내나 내가 세 아이들과 연락을 취하지 않고 하루를 넘기는 일은 거의 없다. 건강한 가족 관계를 유지하는 일은 전심을 기울여야 할 사역에 해당한다. 힘든 일이지만 그만한 가치가 충분하다.

내가 아이들과 늘 연락을 취하는 이유는 가족이라면 당연히 해야 할 자연스런 일이기 때문이다. 오늘날의 문화와 사회는 가족 관계를 단절시키는 경향이 있다. 현대인의 가정은 시간이 지나면서 서로 알지 못하는 사이에 뿔뿔이 흩어져 고립된 개체로 살아가는 경우가 많다. 가족 간의 자연스런 관계를 유지하지 못한다면 서로 남극과 북극만큼이나 멀리 떨어져 살게 될 것이다.

나의 가장 위대한 사역

나는 나의 가장 위대한 사역이 다음 세대에 이루어질 것이라고 생각한다. 몇 주 전 다윗의 생애를 살펴보면서 그런 생각이 떠올랐다.

다윗은 아들 솔로몬이 하나님의 성전을 건축할 수 있도록 귀한 보물과 건축 재료를 준비했다. 그는 인생 후반기에 이르러 생각을 바꾸어야 했다. 다시 말해 그는 직접 일을 하는 것을 줄이고 지도하는 일에 관심을 기울여야 했다. 그의 가장 위대한 기여는 개인적인 성취를 이루는 것보다 다른 사람들의 잠재력을 극대화시키는 것에 있었다. 물론 그는 개인적으로 좀더 많은 일을 이룰 수 있었다. 하지만 그는 곧 자신의 유한함을 의식하지 않으면 안 되었다.

할아버지가 된 나는 그러한 진리를 더욱더 절실히 의식하기에 이르렀다. 자녀들이 모두 가정을 떠난 뒤에도 나의 책임은 끝나지 않고 계속된다. 나의 사역은 손자들의 세대에까지 이어져야 한다. 나의 사역은 아직 미완성이다.

출애굽기 10장 2절은 우리에게 이러한 과제를 일깨워 준다. 함께 읽어 보자. "너로 내가 애굽에서 행한 일들 곧 내가 그 가운데서 행한 표징을 네 아들과 네 자손의 귀에 전하게 하려 함이라 너희가 나를 여호와인 줄 알리라."

신명기 4장 9절에도 다음과 같은 말씀을 발견할 수 있다. "너는 스스로 삼가며 네 마음을 힘써 지키라 두렵건대 네가 그 목도한 일을 잊어버릴까 하노라 두렵건대 네 생존하는 날 동안에 그 일들이 네 마음에서 떠날까 하노라 너는 그 일들을 네 아들들과 네 손자들에게 알게 하라."

이 글을 쓰는 지금, 나에게는 이미 손자 둘이 있고, 하나는 곧 태어날 예정이다. 나는 그들이 나의 화살통을 가득 채우는 화살들이 되어 주기를 희망한다. 나는 나의 영향력이 그들에게까지 미치게 될 것을 알고 있다. 나의 사역에는 그들도 포함되어야 한다. 그러려면 의도적인 노력이 필요하다. 아무도 나를 대신해 이 일을 해 줄 사람은 없다. 내가 해야 한다.

나는 가족들과 함께 시간을 보내기로 마음먹고 오리건에 가서 자식들과 손자들과 더불어 시간을 보낸다. 그것은 성경의 명령이다. 작은 농장이 하나 있는데, 그곳에서 트랙터를 운전하며 동물들을 기르는 것이 즐겁다. 나의 심신도 안정되고 자녀들과 시간을 보낼 수 있으니 일거양득이다.

우리는 어디든 원하는 곳에 살 수 있다. 나와 아내는 가족들이 거주하는 곳에서 살기로 결정했다. 그것은 지리, 경제, 풍경, 또는 날씨를 고려한 결정이 아니다. 아들은 하와이에 있고 딸 둘은 오리건에 있기 때문에 앞으로 그들이 사는 곳에서 될 수 있는 대로 많은 시간을 보낼 계획이다.

어떤 사람들은 내가 노스웨스트에서 시간을 보내는 것을 보면 그다지 바람직하게 생각하지 않을지도 모른다. 우리 주변에는 우리의 결정과 삶의 방식을 판단하고 비웃는 사람들이 항상 존재한다. 하지만 나는 그런 비난을 다 감수할 자신이 있다.

가족을 위해 싸워라. 우리가 싸우지 않으면 아무도 대신해 주지 않을 것이다.

> **성찰의 시간**   LEADING ON EMPTY

심신 쇠약을 극복하기 위해 노력하는 동안 나에게 가장 큰 희망을 준 사람은 바로 아내였다. 또한 자녀들과 많은 격려자들이 나의 쾌유를 빌며 도움을 주었다. 내가 극심한 고통을 느꼈던 날 밤, 마음속에 시편 41편 3절("여호와께서 쇠약한 병상에서 저를 붙드시고 저의 병 중에 그 자리를 다 고쳐 펴시나이다")이 떠올랐다. 매일 밤 그 성경 말씀을 암송했고, 그 후로 단잠을 잘 수 있었다.

요즘 나의 결혼생활은 이전보다 더 나아졌다. 아내는 나를 위해 모든 것을 감내하며 최선을 다했다. 그로 인해 우리 부부의 관계는 더욱 돈독해졌다.

지금 나는 자전거 타기, 산책, 낚시 등 여러 가지 취미 활동을 즐기고 있다. 내가 가장 행복할 때는 아내와 조용히 커피를 마시는 시간이다. 전에는 안식일이 선택 사안에 불과했지만 이제는 그렇지 않다. 안식일을 흥청망청 보낸다는 뜻이 아니라 건강관리와 사역 활동을 균형 있게 해 나간다는 뜻이다.

나의 생활방식과 사고방식에 안팎으로 큰 변화가 있었다. 첫째, 나는 과거의 사고방식을 버려야 했다. 전에는 내가 얼마나 자격이 있느냐 하는 문제를 중요하게 생각하지 않았지만 지금은 그렇지 않다. 나는 9년 동안이나 신학 훈련을 받았다. 하지만 지금도 여전히 나의 부족함을 절감한다.

두 번째 변화는 내가 할 수 있는 것보다 더 많은 일을 할 수 없다는 생각을 갖게 된 것이다. 사람들이 싫어해도 그것은 나의 잘못이 아니다.

셋째는 급히 서둘러야 할 긴급 상황은 아무것도 없다는 생각이다.

— 오스트레일리아에서 활동하는 지도자의 이야기

09 다시 하나님 품으로!

"여호와께서 이같이 말씀하시되 너희는 길에 서서 보며 옛적 길 곧 선한 길이 어디인지 알아보고 그리로 행하라 너희 심령이 평강을 얻으리라"_렘 6:16.

우울증이라는 늪지를 벗어나 단단한 땅에 이르는 시간은 빠를수록 좋다.

물론 그렇다고 해서 삶의 속도를 이전보다 훨씬 빠르게 내달려야 한다는 뜻은 아니다. 또한 하나님이 우리에게 요구하시는 과정을 앞당겨 끝마칠 수 있는 지름길이 있다는 뜻도 아니다. 내 말은 불필요하게 머뭇거리지 말고 가능한 한 빨리 그 과정을 극복해야 하겠다는 결심이 필요하다는 뜻이다.

고독과 조언은 자신의 상황을 분석하는 데 많은 도움을 준다. 하지만 그 단계에만 머물러서는 곤란하다. 물론 한꺼번에 모든 문제를 매듭지을 수는 없다. 항상 해결하지 못한 문제가 남아 있기 마련이다.

세상에서 살아가는 한 문제에서 온전히 자유로운 사람은 아무도 없다.

우울증과 심신 쇠약 증세가 한동안 지속될 수 있다. 하지만 대개의 경우 변화는 고향으로 돌아오는 과정에서 이루어진다는 점을 잊지 말라. 모든 것이 완벽하게 갖추어진 다음에 치유의 과정을 시작하겠다는 생각은 그릇된 희망을 부추길 가능성이 높다.

의욕이 솟아나지 않더라도 의도적으로 그것을 극복하기 위해 노력해야 한다. 우울증이 저절로 사라지기를 바라는 것은 문제를 더욱 악화시켜 영혼의 배터리를 고갈시킨다.

몇 년 전에 무릎 수술을 받은 적이 있다. 수술이 끝나자마자 간호사는 침대에서 나와 걸으라고 말했다.

'걸으라고? 나를 놀리는 건가?'라는 생각이 들었다. 나는 수술 후에 진통제를 복용하고 며칠 동안 침대에 누워 있을 생각이었다. 하지만 간호사에게는 그런 나의 생각이 통하지 않았다.

그녀는 혈액 순환이 빠르게 이루어질수록 회복 속도가 빨라진다는 사실을 알았다. 물론 그렇다고 해서 그녀는 수술 부위에 무리가 갈 정도로 많이 움직이라고 요구하지는 않았다. 아무튼 나는 싫든 좋든 몸을 움직이지 않으면 안 되었다.

미래를 위한 청사진

"우리가 이 모든 일을 인하여 이제 견고한 언약을 세워 기록하고 우리의 방백들과 레위 사람들과 제사장들이 다 인을 치나이다 하였느니라…… 그 남은 백성과…… 이방 사람과 절교하고 하나님의 율법을 준행하는 모든 자와

세상에서 이루어지는 중요한 일들 가운데 대부분은
희망이 전혀 없는 것처럼 보일 때도 노력을 중단하지 않는 사람들에 의해 이루어진다.
_데일 카네기

> 그 아내와 그 자녀들 무릇 지식과 총명이 있는 자가 다 그 형제 귀인들을 좇아 저주로 맹세하기를 우리가 하나님의 종 모세로 주신 하나님의 율법을 좇아 우리 주 여호와의 모든 계명과 규례와 율례를 지켜" 느 9:38, 10:28-29.

삶의 원리 하나를 잠시 살펴보면 다음과 같다. 이는 반드시 명심하지 않으면 안 될 교훈이다.

느헤미야서에 보면 사람들이 함께 모여 언약을 맺는 광경이 나온다. 귀족들과 장로들과 지도자들이 그 언약에 인을 쳤다. 그들의 언약은 하나님이 원하시는 미래를 위한 청사진이었다. 그들은 하루 종일에 걸쳐 언약을 맺고 주님을 찬양하고 경배하며 그분의 말씀에 귀를 기울였다.

**미래의 청사진은 하나님 앞에 나가 생각을 명료하게
가다듬는 노력을 기울여야만 비로소 얻을 수 있다.**

유대인들은 맑은 정신으로 종이에 언약을 기록하고, 그것을 지키기 위해 최선을 다하기로 결심했다. 그들이 언약을 기록한 이유는 올바른 삶을 결심했던 마음이 흔들릴 때마다 그것을 바라보며 다시금 마음을 바로잡기 위해서였다. 또한 그들은 앞을 볼 수 없을 때도 그 언약을 기억함으로써 결심을 실천에 옮길 수 있었다.

미래의 청사진은 저절로 이루어지지 않는다. 미래의 청사진은 하나

> 극심한 어려움 덕분에 인생을 성공으로 이끈 사람들이 많다.
> _찰스 스펄전

님 앞에 나가 생각을 가다듬는 노력을 기울여야만 비로소 얻을 수 있다. 미래의 청사진은 충동적으로 이루어지지 않는다. 또 슬럼프나 절망에 빠졌을 때, 질병으로 인해 몸이 쇠약할 때, 또는 감정이 지나치게 낙관적이거나 이상적일 때에도 미래의 청사진을 얻기가 불가능하다.

그리스도께 나아가 모호한 생각을 모두 떨쳐 버리고 맑은 정신으로 깨달음을 얻는 순간에만 비로소 미래의 청사진을 얻을 수 있다. 마음속에 떠오른 청사진을 종이에 기록하고, 그것을 현실화시킬 수 있는 최선의 방법을 강구하라. 본인의 감정 상태나 외부 상황과 상관없이 가장 중요한 관계(곧 그리스도와 배우자와 가족들과의 관계)를 온전하게 유지해 나갈 수 있는 방법을 찾아라.

다음 질문들에 대한 대답을 적어 보라.

* 십 년 후의 모습이 어떻게 변하기를 원하는가?
* 무엇에 정통하고 싶고, 또 어떤 일에 전문가가 되고 싶은가?
* 어떤 인격의 소유자가 되기를 원하는가?
* 어떤 가정을 원하는가?

목표를 분명히 정할수록 그것을 이룰 수 있는 가능성도 그만큼 더 커진다.

성경은 "너는 이 묵시를 기록하여 판에 명백히 새기되 달려가면서도 읽을 수 있게 하라" 합 2:2라고 말씀한다.

미래의 청사진을 기록해 두는 것은 매우 중요하다. 그 이유는 낙관적인 마음이 비관적으로 바뀌고, 기쁨이 절망으로 변하는 때가 찾아오더라도 미래의 청사진을 뚜렷하게 기억할 수 있게 해 주기 때문이다. 기록해 두지 않으면 좋았던 의도가 사그라지고, 기분이나 상황에 따라 마음이 쉽게 흔들릴 수 있다.

우리의 인생은 불안감, 애증 병존, 우유부단과 같은 요인들에 의해 쉽게 영향을 받는다. 인생을 살다보면 그런 상황을 피할 수 없다. 하지만 맑은 정신으로 하나님 앞에서 생각했던 미래의 청사진을 기록으로 남겨두면 그런 상황을 극복하는 데 큰 도움이 된다.

마음이 우울할 때 삶의 결정을 내린다면 어떻게 될까? 그런 경우 우리의 생활 방식과 삶의 태도는 어떻게 변할까? 우울하고 외로운 생각이 들 때, 곧 아무도 우리를 도와줄 사람이 없다는 생각이 들 때 중요한 결정을 내릴 경우에는 아무리 최선의 노력을 기울이더라도 그 결과가 신통치 않을 것이 틀림없다. 그럴 경우에는 바람직한 청사진을 얻기 어렵다.

나는 고독의 시간을 가질 때면 모든 소리를 잠재우고 오직 하나님의 음성만을 듣게 해 달라고 기도한다. 그런 때에 나는 마음속에 떠오른 미래의 청사진을 종이에 기록한다. 미래의 청사진은 나의 믿음, 결혼생활, 가족, 경제문제, 사역, 건강, 관계 등에 관한 내용으로 구성된다. 나는 중요한 것들을 순서대로 나열하고, 잘못된 것들을 재조정하고, 기도한 뒤에 일주일 후에 다시 기록한 것을 점검한다(자세한 내용을 알고 싶으면 5장 내용을 참조하라).

소망을 품으라

"나 여호와가 말하노라 너희를 향한 나의 생각은 내가 아나니 재앙이 아니라 곧 평안이요 너희 장래에 소망을 주려 하는 생각이라" 렘 29:11.

희망은 감정이나 상황이 변하더라도 결코 퇴색하거나 얼룩지지 않을 미래의 청사진에 반드시 필요한 요소다. 하나님 앞에서 맑은 정신으로 생각해 낸 미래의 비전은 희망에 근거한다. 미래의 비전은 하나님을 기쁘시게 하고, 우리의 삶과 장래에 긍정적인 영향을 미칠 내용으로 구성된다.

미래의 청사진은 희망과 불가분의 관계를 맺는다. 감정이 변하고 삶의 활력이 고갈된 상태에서도 미래의 청사진은 마치 GPS처럼 우리의 갈 길을 인도하며, 가장 중요한 일에 다시 관심을 기울이고, 희망을 잃지 않게 도와준다. 특히 희망은 우리에게 삶을 헤쳐 나갈 수 있는 힘을 제공한다.

심신 쇠약을 극복하려면 희망을 가져야 한다. 성경은 "믿음, 소망, 사랑, 이 세 가지는 항상 있을 것" 고전 13:13이라고 말씀한다. 믿음은 하나님과의 수직적인 관계를, 사랑은 다른 사람들과의 수평적인 관계를 뜻한다. 우리는 믿음과 사랑에 대해서는 잘 알고 있지만 소망에 관해서는 그렇지 못하다.

소망이란 다른 두 가지, 곧 그리스도와의 관계를 돈독히 하고 다른 절대로 포기하지 말라. 명예로운 확신과 양식(良識)의 힘 외에는 그 무엇에도 굴복하지 말라.
_윈스턴 처칠

사람들을 사랑하는 일을 지속적으로 이끌어 갈 수 있는 삶의 에너지를 의미한다. 소망이 없으면 다른 두 가지를 잘 알더라도 그것을 실행에 옮길 수 있는 에너지가 결여된다. 소망이 없으면 믿음에 관한 모든 것을 알더라도 강한 믿음을 가질 수 없고, 사랑에 관한 모든 것을 알더라도 진정한 사랑을 실천할 수 없다. 소망, 즉 미래의 청사진은 외부 상황에 상관없이 우리의 잠재력을 극대화하는 데 필요한 능력을 제공한다.

미래의 청사진을 가지고 있는가? 어떤 모습인가? 달려가면서도 볼 수 있도록 기록해 두었는가?

회복이 이루어지는 동안 마음은 동하지 않는데 급히 움직여야 할 때가 더러 있다. 그럴 때면 삶을 재건축하고, 그 방향을 새롭게 조정해야 할 필요가 있는데도 의욕이 전혀 솟구치지 않는다.

우리는 모든 것이 잘 될 것이라는 희망으로 달려가야 한다. 심신 쇠약을 경험해 본 지도자들은 오히려 소망을 가질 수 있다. 심신 쇠약의 경험은 지혜와 능력을 가져다준다. 유종의 미를 거두려면 절망에 굴복하지 않고 희망을 가지고 살아가는 법을 배워야 한다.

히브리서 저자는 "이 소망이 있는 것은 영혼의 닻 같아서 튼튼하고 견고하여 휘장 안에 들어가나니"히 6:19라고 말했다.

소망은 영혼의 닻이다. 어떤 어머니가 일어나야 할 시간에 알람을 맞춰 놓았다. 그녀는 시계만 믿고 아무 걱정 없이 잠에 들었다. 그녀에게는 시계의 신뢰성이 곧 희망이다. 우리는 공기역학에 관해 아무 지식이 없어도 잘 훈련된 조종사와 유지 관리가 잘 된 비행기가 우리를 목적지

> 어려움이 클수록 그것을 극복함으로써 얻는 영광도 더욱 커진다.
> _몰리에르

까지 안전하게 실어다 줄 것이라 희망하고 비행기 여행을 선택한다.

"주는 모든 약속에 충실하시며 지으신 모든 것을 사랑하신다" 시 145:13, NIV 참조.

나는 회복 과정을 거치는 동안 내가 건강해질 것이고, 나의 결혼생활이 원만해질 것이고, 나의 가족이 모두 건강해질 것이라는 희망에 영혼의 닻을 두어야 했다. 당시에는 그렇게 될 징후가 전혀 없었지만 희망을 포기해서는 안 된다고 확신했다. 의욕이 솟구치지 않는데도 애써 앞으로 나아가야 할 상황이 존재했다. 나는 하나님은 충실하시다는 약속을 굳게 믿고 앞으로 나아갔다.

버스를 타려고 달려가는 사람을 상상해 보라. 그는 버스가 매일 아침 8시 30분에 정확히 정류장에 도착한다는 사실을 안다. 버스는 지난 5년 동안 한 번도 약속을 어기지 않았다. 어느 날 조금 늦게 집을 나선 그는 버스가 정확한 시간에 정류장에 도착할 것을 알고 있었기에 서둘러 달려갔다. 그의 눈에는 버스가 보이지 않았다. 모퉁이를 돌아 정류장을 향해 오는 버스의 모습이 아직 눈에 들어오지 않았다. 지나가는 행인들은 버스가 보이지 않는데 뭐 그렇게 열심히 달려가느냐 하는 표정이다. 하지만 그는 버스 운전사가 시간을 정확히 지킬 것이라는 희망을 품고 열심히 달려갔다.

우리가 하나님의 신실하심을 굳게 믿고 달려갈 때 그분은 결코 우리를 실망시키지 않으신다. 하나님은 우리에게 '부끄럽지 않은 소망' 롬 5:5

을 주신다. 하나님의 약속을 믿고 달려가는 한 우리는 지치지 않는다.

바울은 "밭 가는 자는 소망을 가지고 갈며 곡식 떠는 자는 함께 얻을 소망을 가지고 떠는 것이라" 고전 9:10고 말했다.

인생의 조언자 찾기

삶을 재조정하고 건강을 회복하려면 때로 누군가의 도움이 필요할 수도 있다. 홀로 고독의 시간을 보내는 동안에는 혼자서도 잘 할 수 있지만 실제로 심신 쇠약과 우울증을 극복하기 위해 행동을 취해야 할 때는 인생의 조언자에게 도움을 요청하면 성공을 거둘 확률이 현저하게 높아진다.

물론 인생의 조언자가 반드시 필요한 것은 아니다. 하지만 그런 도움의 손길이 있으면 큰 유익을 얻을 수 있다. 이는 체중을 감량하고 근육의 힘을 기를 때 코치로부터 도움을 받는 경우와 비슷하다. 자격을 갖춘 조언자는 회복 속도와 과정을 자상하게 점검해주고, 또 성격 유형이나 기질 테스트와 같은 방법을 활용해 인생 계획을 세우는 데 많은 도움을 줄 수 있다.

나도 목회 동료인 크레이그 총에게 조언을 구했다. 그는 나에게 '버크맨 프로파일'을 적용했다. 이 방법은 로저 버프맨 박사가 텍사스 주립대학교에서 실시된 연구조사를 바탕으로 1951년에 개발한 것이다. 크레이그는 그 방법을 통해 나의 성향과 성격 유형을 분석해 나의 연료통을 채워 주는 것과 고갈시키는 것이 무엇인지 알려 주었다. 우리는 사역의 결실, 초점, 열정 등에 관해 깊은 대화를 주고받았다.

나는 또한 나이 많은 친구 톰 패터슨에게 도움을 요청했다. 경영 컨설턴트이자 전략가인 그는 〈당신이 의도했던 삶을 살라Living the Life You Were Meant to Live〉를 저술했다. 그는 내가 심신 쇠약이라는 숲을 빠져나와 고난을 유익한 것으로 바꾸는 방법을 배울 무렵 나에게 많은 도움을 제공했다.

나는 오리건 그랜츠패스에 있는 그의 집에서 하루를 보냈다. 그는 많은 고난을 당했던 사람이다. 그는 고난을 통해 그리스도의 뜻에 온전히 복종하는 법을 깨달았다. 그는 열두 살 된 딸 데비를 암으로 잃었고, 아내 기니를 결혼한 지 15년 만에 하늘나라로 떠나보내야 했다. 그것도 모자랐는지 그 후에는 아들 톰이 비행기 사고로 목숨을 잃었고, 또 다른 아들은 자동차 사고로 유명을 달리했다. 톰은 재혼했지만 재혼한 아내마저 5개월 뒤에 세상을 뜨고 말았다.

나는 소박한 톰의 집에서 기대감에 부풀어 그의 조언을 구했다. 그는 누구보다도 고난을 더 잘 이해하는 여든한 살의 경험 많은 조언자였다. "톰, 열 사람의 고난을 다 합친 것보다 더 많은 고난을 겪었는데, 어떻게 그 모든 고통을 극복할 수 있었나요?"

톰은 잠시 침묵을 지킨 뒤에 이렇게 입을 열었다. "딸아이 데비가 열두 살에 목숨을 잃고 나서 나는 아내를 위해 반지 하나를 주문했네. 그것은 세 가닥의 줄로 만든 반지였지. 세 개의 줄 가운데 하나는 아내를, 또 다른 하나는 나를, 그리고 마지막 하나는 그리스도를 상징했고,

그 세 줄이 하나로 결합되어 있다는 의미를 지녔다네. 그것이 바로 내가 터득한 교훈일세."

톰은 천천히 말을 이어 갔다. "웨인, 우리는 그리스도께 온전히 복종하는 단계에 이르러야 한다네. 그 무엇도 우리의 복종을 방해하지 못하네. 자네가 겪고 있는 고통스런 사건들은 자네를 그러한 단계로 이끌게 될 것이네. 뒤로 물러갈 것인지 복종할 것인지는 자네의 선택에 달려 있네. 나는 복종을 선택했네."

디도와 같은 친구를 찾으라

"그러나 비천한 자들을 위로하시는 하나님이 디도의 옴으로 우리를 위로하셨으니" 고후 7:6.

회복 과정을 거치는 동안 반드시 전문적인 삶의 조언자에게 도움을 구해야 할 필요는 없지만, 다른 사람의 사정을 깊이 헤아릴 줄 아는 친구를 찾는 것은 꼭 필요하다. 그런 친구는 어려움을 극복하고 삶의 방향을 결정하는 일에 매우 유익하다. 그런 친구가 있으면 미래의 청사진, 곧 헛된 공상이 아니라 하나님이 요구하시는 소명과 목적에 부합하는 비전을 발견하는 데 많은 도움을 얻을 수 있다.

올바른 삶의 계획, 곧 정확한 미래의 청사진을 발견하기 위해서는 디도와 같은 친구, 곧 우리와 우리의 삶과 은사와 열정을 객관적으로

> 하나님은 짐도 주시고, 그것을 짊어질 수 있는 어깨도 주신다.
> _이디시 격언

평가할 수 있는 친구가 필요하다. 우울증을 앓는 사람을 궁극적으로 위로하실 분은 하나님이시지만 때로 그분은 사람들을 통해 그러한 위로를 전달하게 하신다.

디도와 같은 친구를 찾아라. 상담 전문가나 후원자, 또는 나이가 더 많거나 신앙생활을 더 오래한 사람이 좋다. 또 교회의 장로나 목사, 또는 사업가 중에서도 그런 친구를 발견할 수 있다. 디도와 같은 친구가 되어줄 수 있는 사람이라고 생각되거든 먼저 다가가서 말하라. "커피 한 잔 하실래요? 요즘 제가 겪는 일을 말씀 드리고 싶어요."

감사하게도 나에게는 디도와 같은 친구가 여럿 있었다. 그들은 모두 예수님과 나를 사랑하는 사람들이다. 관심을 기울여 찾는다면 바로 우리 주변에서 그런 친구를 찾을 수 있다.

요즘에는 친구가 드물다. 하지만 친구의 중요성은 예나 지금이나 변하지 않았다. 우리가 친구를 사귀지 못하는 이유는 너무 바쁘게 살아가기 때문이다. 우정은 시간과 관심을 요구한다. 우정은 마치 책에 있는 여백과도 같다. 여백이 없는 책은 글자가 서로 다닥다닥 붙어 있어 읽기가 거의 불가능하다. 여백을 조금도 남기지 않고 글자만을 빼곡하게 인쇄하면 책의 두께를 줄일 수 있을 뿐 아니라 종이도 아끼고 비용도 절감하는 효과를 누릴 수 있다. 하지만 누가 과연 그런 책을 읽을 것인가? 그런 책은 스트레스 관리에는 전혀 무용지물이다. 책에는 반드시 여백이 존재해야 한다.

인생도 마찬가지다. 인생의 여백이 가져다주는 유익 가운데 하나는 친구를 사귈 수 있다는 것이다. 친구는 하나님의 선물이다. 익명의 저자는 친구의 가치를 이렇게 평했다. "친구는 우리의 마음을 쏟아놓을 수 있는 사람, 곧 마음속의 알곡은 물론 겨까지 솔직히 털어놓을 수 있는 사람을 뜻한다. 친구는 가장 부드러운 손으로 체를 들어 알곡과 겨를 골라내 가치 있는 것은 보관하고, 나머지는 친절이 가득 담긴 입김으로 불어 날려 보내는 법을 알고 있다."

솔로몬은 친구를 공식 직함의 하나로 여겼다. 다음 성경 구절을 읽어보자. "여호야다의 아들 브나야는 군대 장관이요 사독과 아비아달은 제사장이요 나단의 아들 아사리아는 관리장이요 나단의 아들 사붓은 대신이니 왕의 벗이요" 왕상 4:4-5.

댄 시마는 나의 사랑스런 친구이자 동역자였다. 그는 현재 은퇴했지만 그와 함께 일하는 동안 그는 나의 영적 조언자였다. 우리는 정기적으로 만나 나의 영적 생활을 논의했다. 나의 성격과 기질을 잘 알고 있던 그는 당시에 나의 상황을 정확히 간파해 필요 적절한 조언과 격려를 아끼지 않았다.

고난은 우리를 변화시킨다.
하지만 반드시 더 낫게 변화시킬 것이라는 보장은 없다.
그것은 우리의 선택에 달려 있다.

목회자의 영적 생활은 평신도의 영적 생활과 좀 다르다. 하지만 영적 생활을 지도해 줄 친구가 필요하다는 점에서는 서로 아무 차이가 없다. '눈은 눈을 볼 수 없다'는 러시아 속담이 있다. 영혼의 친구를 사귀면 신앙생활은 물론 앞으로의 삶을 살아가는 데도 많은 도움을 얻을 수 있다. 영혼의 친구는 우리의 회복을 도울 뿐 아니라 하나님의 소명에 충실하겠다는 열정을 고무한다.

다른 사람 의지하기

찰리 웨드마이어는 우리 교회 교인이다. 그는 호놀룰루에서 태어나 하와이 명문 사립학교로 손꼽히는 푸나후 학교에서 뛰어난 미식축구 선수로 활약했고, 푸나후를 졸업한 뒤에는 미시건 주를 대표하는 선수로 필드를 누비다가 선수생활을 마친 후에는 로스사토스 고등학교 축구 코치로 일했다.

바로 그 무렵, 그는 루게릭병에 걸렸다는 진단을 받았다. 루게릭병은 그의 육체를 심각하게 손상시켜 현재는 겨우 입술과 눈썹만 움직일 수 있을 정도로 악화되었다. 그런데도 그와 그의 아내 루시는 여러 곳을 다니면서 사람들에게 희망을 전한다. 그가 교회에 나올 때마다 우리는 저절로 이런 생각을 하게 된다. "나에게 무슨 문제가 있단 말인가? 나의 문제는 아무것도 아니야."

찰리는 모든 것을 다른 사람에게 의존한다. 다른 사람이 먹여 주고, 입혀 주고, 씻겨 주고, 면도해 주고, 심지어는 용변을 보는 일까지 돌봐주어야 한다. 호흡 장치조차도 다른 사람의 도와주지 않으면 그는 곧

숨이 막혀 죽을 수밖에 없다.

톰은 다른 사람들의 도움에 전적으로 의지할 수밖에 없는 형편이었지만 하나님의 놀라운 도구가 되어 수많은 사람에게 감동을 안겨 주고, 새로운 동기와 깨달음을 전했다.

우리는 질병과 씨름하는 동안에도 우리를 향한 하나님의 계획에 적극적으로 참여할 수 있다. 하나님의 계획에 동참하다 보면 우리가 본래 의도했던 것과는 다른 방향으로 나아갈 수 있다. 심지어는 친구의 팔에 의지해야 할 경우도 있다.

치유 과정은 본질상 우리의 감정과 내면의 고통을 솔직히 털어놓을 것을 요구한다. 우울증과 상처받은 감정은 안전한 항구와 도피처를 갈망한다. 동정심을 느끼는 친구에게 매혹되어 그릇된 관계만 맺지 않는다면 아무 문제가 없다.

한 마디로 남자는 남자에게, 여자는 여자에게 도움을 요청하는 것이 바람직하다.

배우고 실천하라

인생의 조언자를 구하든지, 혼자서 스스로 헤쳐 나가든지 절대로 양보해서는 안 될 원칙이 하나 있다. 그것은 성경의 위인들에게 귀를 기울여야 한다는 것이다.

유혹이나 죄, 또는 그릇된 결정은 무엇이든 성경의 위인들이 이미 모두 겪어 본 것으로 신구약 성경 어딘가에 기록되어 있다. 물론 그들의 상황이 우리의 상황과 한 치도 틀림없이 일치할 수는 없다. 하지만 원리만 분명히 파악하면 곧 해결책을 찾아낼 수 있다.

> 유혹이나 죄, 또는 그릇된 결정은
> 무엇이든 성경의 위인들이 이미 모두 겪어 본 것으로
> 신구약 성경 어딘가에 기록되어 있다.

"모든 성경은 하나님의 감동으로 된 것으로 교훈과 책망과 바르게 함과 의로 교육하기에 유익하니 이는 하나님의 사람으로 온전케 하며 모든 선한 일을 행하기에 온전케 하려 함이니라" 딤후 3:16-17.

성경에는 인간 조언자보다 훨씬 더 깊이 있게 우리 삶을 인도해 줄 참된 원리가 존재한다. 우리가 겪는 일은 무엇이든 성경의 인물 가운데 누군가가 이미 겪은 것이다.

엘리야는 우울증과 싸워야 했고, 요셉은 형제들로부터 버림을 받았으며, 다윗은 절망과 고뇌를 경험했다. 우리는 그런 신앙 위인들과 함께 우리의 암울한 상황을 극복해 나가야 한다.

회복 과정에 적용되는 이러한 원칙은 절대로 포기해서는 안 된다. 친구들과 인생의 조언자들은 스쳐 지나가는 관계일 수 있지만, 주님은 이 세상에서는 물론 영원토록 우리 곁에 계시는 유일한 친구이자 생명의 조언자이시다. 날마다 그분의 음성을 듣기를 원한다면 경건의 시간

"좋은 목재는 쉽게 자라지 않는다. 바람이 강할수록 나무는 더욱 튼튼해진다"
_윌라드 메리어트

을 갖는 습관을 발전시켜야 한다.

경건의 시간을 처음 시작할 때 가장 간단한 방법은 잠언을 읽는 것이다. 잠언은 모두 31장이다. 따라서 하루에 한 장씩 읽어 나가면 마치 하루에 필요한 멀티비타민을 섭취하는 것처럼 영혼의 자양분이 될 수 있다.

장수와 날짜를 맞춰 읽어라. 다시 말해 10일이면 잠언 10장을 읽으면 된다. 성령께서 감동을 주시는 구절 하나를 선택하라. 그런 다음, 성경 구절, 깨달은 내용, 적용, 기도의 순서대로 신앙일지에 기록하라. 가장 먼저 성경 구절을 적고, 그 다음에는 마음으로 깨달은 내용을 적어라. 깨달은 내용은 단 몇 줄로 족하다.

그런 후에는 삶에 구체적으로 적용하라. 성경의 원리를 적용하면 오늘의 삶이 어떻게 달라질 수 있을지 생각하라. 성경을 읽기만 하고 아무 적용 없이 경건의 시간을 마치는 것은 금물이다. 읽은 말씀을 통해 단 한 가지라도 새롭게 변화시켜야 한다.

마지막에는 기도를 적어라. 하나님께 원하는 도움을 구체적으로 진술하라. 신앙일지를 작성하면 경험이 주는 교훈을 깨닫는 데 많은 도움이 된다. 그런 깨달음은 앞으로의 삶을 영위해 나가는 데 매우 유익하다.

영혼과 감정의 건강은 하루아침에 회복되지는 않지만 매일 조금씩 발전한다. 경건의 시간을 소홀히해서는 안 된다. 성경 읽기와 기도를 통해 매일 하나님과 교제하는 시간은 신앙생활의 근본 토대다. 겉으로는 아무리 아름다워도 기초가 없는 건축물은 온전할 수 없다.

과수원 단지 내에 자신의 과수원을 가진 한 농부가 있었다. 어느 해에 전례 없는 가뭄이 몰아닥쳤다. 하지만 그의 과수원은 주변 과수원들과는 달리 나무마다 잎이 무성하고 열매도 주렁주렁 매달렸다. 다른 농부들의 과수원은 나무들이 모두 갈색으로 변했는데 그의 과수원만 나무들이 푸릇푸릇했다.

그에게 비결을 물었을 때 그의 대답은 이랬다. "내 과수원의 나무들은 물 없이도 한 달을 버틸 수 있습니다. 나무들이 어렸을 때 종종 물을 주지 않았더니 물을 찾기 위해 뿌리를 더 깊이 땅속으로 내리더군요. 덕분에 다른 나무들은 말라죽어도 나의 나무들은 땅 속 깊은 곳에서 물을 빨아 올리게 되었어요."

뿌리를 깊이 내려라. 그러면 더 깊은 곳에서 생명수를 빨아 올릴 수 있을 것이다.

나는 심신 쇠약을 극복하려면 삶을 전면적으로 재조정해야 한다는 사실을 깨달았다. 그것은 회복의 과정 가운데 가장 어려운 일이었다. 나는 문제를 파악하는 데는 능통했다. 리더십 감각에 34년의 목회 경험까지 더해졌으니 문제를 찾고 분석하는 것에는 아무 문제가 없었다. 나는 다른 사람들의 문제를 찾아내어 그들의 삶을 변화시키는 일에는 뛰어난 능력을 발휘했다. 이제는 내 차례였다.

성공의 비결은 항상 실천에 있다. 실천하지 않으면 아무것도 변하지 않는다. 실천은 변화를 완성시킨다.

그러면 나의 삶을 어떻게 변화시킬 수 있을까? 어떤 것부터 바로잡아가야 할까? 더 이상의 실수는 있을 수 없다. 또 다시 심신이 고갈되는 상황에 직면한다면 더 이상 새로운 시작은 불가능할지 모른다. 따라서 나는 내가 취해야 할 방향에 대해 깊은 생각에 잠겼다.

삶을 사는 네 가지 길

우리의 삶에는 네 가지 기본 경로가 존재한다. 우리는 이들 경로를 계획에 의해서가 아니라 무심코 따르는 경우가 많다.

모든 삶은 나름대로 일정한 규칙을 따른다. 나는 그러한 규칙을 하나씩 점검하고 나의 길을 선택해야 했다. 사실 모두가 자신의 길을 선택하지 않으면 안 된다. 어떤 길을 선택하느냐에 따라 우리의 미래가 결정된다.

우리의 길을 의도적으로 결정하지 않으면 네 가지 경로 가운데 처음 세 가지 경로 중 하나를 따를 수밖에 없다.

1. 반동적인 삶

반동적인 삶이란 외부 상황에 의해 어쩔 수 없이 방향을 바꾸게 될 때까지 살아오던 습관과 방식을 고집하는 삶을 의미한다. 직업을 잃으면 그때야 비로소 다른 직업을 찾아나서는 경우가 이에 해당한다. 이런 삶을 사는 사람은 친구 관계를 맺을 때도 다른 사람이 자신을 받아

> 더 이상 시도하지 않는 것이 진정한 실패다.
> _엘버트 허바드

들이는 것 같으면 우정을 나누고, 거부하는 것 같으면 뒤로 물러나는 태도를 취한다. 이런 경우에는 본인의 결정보다는 다른 사람의 결정이 삶의 방향을 바꾸는 데 전적으로 영향을 미친다.

반동적인 삶은 보수주의와 행동주의, 희망과 절망, 소극적인 무관심과 강박적인 과잉활동주의의 경계선상에 서 있는 삶을 가리킨다. 매우 혼란스럽고, 때로는 위험하기까지 한 삶인데도 대다수의 사람들이 이러한 삶의 방식을 받아들인다.

2. 순응하는 삶

순응하는 삶이란 대중의 의견에 따라 살아가는 삶을 의미한다. 이런 삶을 사는 사람은 대중의 의견에 따라 이리저리 좌우된다. 우리는 대개 편안한 삶을 누릴 수 있는 쪽으로 치우치는 경향이 있다. 우리는 우리가 믿는 것을 외모로만 표현하고, 정작 행동을 할 때는 다른 사람의 생각을 따른다.

다른 사람들이 자신을 필요로 하고, 또 자신을 좋아하는 듯이 느껴질 때를 가장 행복하게 생각하는 사람들이 대개 이런 식의 삶을 받아들인다. 이들은 겉치레에 많은 관심을 기울이고, 다른 사람들의 눈치를 살피는 데 급급하다. 대중의 의견에 좌우되는 이런 식의 삶도 반동적인 삶과 마찬가지로 위험하다.

저술가이자 교수인 리오 버스카글리아는 이렇게 말했다. "세상에서 가장 쉬운 것은 바로 우리 자신이 되는 것이고, 가장 어려운 것은 다른 사람들이 원하는 사람이 되는 것이다. 다른 사람들의 원하는 사람이 되려고 노력하지 말라."

3. 독립적인 삶

독립적인 삶을 선택하는 사람들은 자율이라는 통념을 소중하게 여긴다. 하지만 이들은 비록 일반 대중과는 다른 방식의 삶을 추구하지만 서로 생각이 비슷한 사람들과 함께 어울릴 때면 거의 아무런 차이가 없이 모두 똑같은 방식으로 행동한다.

예를 들면 이들은 유전자 조작으로 만들어진 것은 무엇이든 거부하고 오로지 유기농 상품만을 고집하거나, 온 몸에 문신이 새겨진 사람과 어울리면서 기존 풍습을 구닥다리라고 경멸한다. 오로지 이전 세대의 풍습을 좇는 일반 대중과 스스로를 구별할 수 있는 것이면 무엇이든 받아들이는 것이다. 이런 삶은 스스로를 현혹하는 삶의 방식에 불과하다.

4. 의도적인 삶

의도적인 삶은 내가 선택했던 삶, 곧 재조정된 삶을 의미한다. 내가 이 책을 쓰는 이유는 다른 사람들도 모두 나와 같은 선택을 해 주기를 바라기 때문이다.

어렸을 때만 해도 우리는 모든 것을 당연시했다. 배가 고플 때면 부모나 형제 등 누군가가 음식을 마련해 주었다. 또 학교에 갈 나이가 되었을 때는 등교 준비를 한 뒤 가면 그만이었다. 친구를 사귀는 일도 그

> 인간 사회의 가장 위대하고 우월한 미덕이 창조되고,
> 강화되고, 유지되는 곳은 바로 가정이다.
> _윈스턴 처칠

다지 어렵지 않았다. 친구가 필요할 때면 언제라도 쉽게 사귈 수 있었다. 대개의 경우 몸무게도 늘 변함이 없었다. 원하는 것을 무엇이나 먹어도 여전히 날씬한 몸매를 유지했다. 하지만 이제는 그렇지 못하다.

인생을 사는 동안 모든 것이 자동에서 수동으로, 자연적인 것에서 의도적인 것으로, 반사적인 것에서 계획된 것으로 전환되었다. 언제 그런 변화가 일어났는지는 아무도 모른다. 하지만 그런 변화를 수용하지 못하면 항상 뒤처질 수밖에 없다. 이러한 변화의 시기는 사람마다 다르지만 누구도 예외일 수 없다. 변화는 아무런 경고 없이 다가오며, 우리의 허락 없이 저절로 일어난다.

결혼생활도 처음에는 저절로 유지되지만 변화의 시기를 거치고 나면 더 이상 과거의 방식대로 유지할 수 없다. 의도적으로 계획을 세워 노력하지 않으면 결혼생활을 원만하게 유지하기 어렵다. 체중 조절, 가정생활, 사역 활동, 믿음, 감정의 건강 등도 모두 그런 노력을 필요로 한다. 성경은 "너희도 (상을) 얻도록 이와 같이 달음질하라" 고전 9:24라고 권고한다. 우리의 삶은 더 이상 저절로 이루어지지 않는다.

승리를 선택했다면 이미 절반의 성공을 이룬 것이다. 반대로 승리를 선택하지 않았다면 이미 절반의 실패를 맛본 것이다.

결코 포기해서는 안 될 것들

우리 막내딸은 우리 집 보물 단지 가운데 하나다. 우리는 딸아이를 낳은 지 사흘 만에 입양했

다. 그때 이후로 딸아이는 눈에 넣어도 아프지 않은 소중한 존재가 되었다. 하지만 몇 년 전 딸아이는 자신의 믿음과 도덕성을 훼손하는 선택을 내렸다. 딸아이는 대학에서 퇴학당한 뒤 집을 떠나 먼 곳으로 이주했다. 딸의 그런 행위 때문에 아내와 나는 무척 고통스러웠다. 딸아이는 입양아라는 현실 앞에서 정체성에 큰 혼동을 일으켰고, 자신을 입양아로 내어준 친부모의 결정을 도무지 이해하지 못했다.

처음에 나는 집을 떠나기로 한 딸아이의 결정을 존중해 그 아이가 하고 싶은 대로 하도록 놔두었다. 하지만 나는 그것이 내가 취해야 할 태도가 아니라는 사실을 깨달았다. 가족들의 관계를 친밀하게 유지하기 위해서는 가족관계의 중요성에 대한 자녀들의 생각에 연연해서는 곤란했다.

나는 가족관계를 '가장 중요한 것'을 기록한 목록 가운데 포함시켰다. 그것은 일찍부터 결정해 두어야 할 사안이었다. 그래야만 나중에 문제가 발생해도 능히 극복해 낼 수 있다. 일단 문제가 발생하고 나서 가족관계의 중요성을 깨닫는다면 그때는 너무 늦다. 미리부터 인생의 목표를 결정해 놓아야만 삶을 올바른 방향으로 이끌어 갈 수 있다.

아내와 나는 전화, 편지, 이메일과 같은 통신수단을 활용해 딸아이와 줄곧 연락을 취했다. 딸아이의 결정과는 상관없이 포기는 결코 우리의 선택이 될 수 없었다. 아내는 경건의 시간에 깨달은 진리를 딸아이에게 알려 주었고, 딸아이를 위한 기도를 늘 쉬지 않았다. 딸아이는 아내의 노력에 아무런 반응도 보이지 않았고, 내가 전화기에 남긴 메시지도 무시할 때가 많았다. 그럼에도 불구하고 우리는 2년 동안 계속해서 편지를 쓰고, 전화를 하고, 기도를 했다.

나의 인생 목표는 부자가 되는 것이 아니라
풍요로워지는 것이다.

어느 날 아내는 딸아이로부터 이메일을 받았다. 그 안에는 딸아이가 경건의 시간을 통해 깨달은 내용이 포함되어 있었다. 나는 딸아이가 다시 하나님께 돌아왔다는 사실에 기뻐 어쩔 줄 몰랐다. 딸아이가 경건의 시간을 통해 깨달은 내용은 다음과 같았다.

> "하나님이 나를 이 가정에서 태어나게 하지 않으셨다는 사실을 알고 있어요. 하지만 이제 그분이 나를 이 가정으로 보내주셨다는 확신이 들어요. 집으로 돌아가겠어요."

나의 인생 목표는 부자가 되는 것이 아니라 풍요로워지는 것이다. 다시 말해 나는 믿음, 결혼생활, 가정생활, 사역 활동에서 풍요를 누리고 싶다. 나는 이것을 진정한 부로 생각한다. 진정한 부는 태도, 가치, 결정, 의도의 산물이다.

의도적으로 사는 삶, 곧 뚜렷한 목적과 계획 아래 사랑을 실천할 수 있는 삶을 선택하라.

성찰의 시간 LEADING ON EMPTY

웨인 목사님께

끝까지 잘 싸워 주셔서 감사합니다. 지난해 하나님이 목사님을 통해 마침내 저에게 다가오셨을 무렵, 목사님이 어려운 싸움을 하고 계신다는 사실을 알게 되었습니다. 하지만 목사님은 포기하지 않으셨습니다. 목사님의 싸움을 모두 이해할 수는 없지만 한 가지만은 분명히 알고 있습니다. 그것은 목사님이 목회 사역을 하는 동안 가장 어려운 난관에 봉착하셨는데도 끝까지 포기하지 않으신 덕분에 예수님이 저에게 다가오셨다는 사실입니다.

목사님은 저에게 신앙일지를 쓰는 방법, 하루를 예수님과 함께 시작하는 방법, 매일 거룩한 조언자의 말에 귀를 기울이는 방법을 가르쳐 주셨습니다. 지난 40년 동안 저에게 예수님의 귀한 말씀을 통해 그분의 음성에 귀를 기울이는 방법을 가르쳐준 사람은 목사님이 처음이었습니다.

제 삶은 변하기 시작했습니다. 주님께서 제 눈을 여시어 오랫동안 배우고 싶었던 많은 진리를 깨닫게 하셨습니다. 목사님을 통해 성령의 역사가 일어나고 있습니다. 목사님이 날마다 주님을 만나고 계시는 줄 확신합니다.

항상 올바른 길을 향해 나아가시고, 또 저에게 친구와 조언자가 되어 주셔서 감사합니다.

— 군인으로 일하는 우리 교회 교인의 이야기

10

뜻을 세우고, 뜻한 대로 살라

"그러므로 모든 들은 것을 우리가 더욱 간절히 삼갈지니
혹 흘러 떠내려갈까 염려하노라"_히 2:1.

자신이 뜻하는 대로 삶을 살려면 스스로의 삶을 일관성 있게 평가하고 점검하는 노력이 필요하다. 삶의 엔트로피, 곧 습관이나 반작용에 의해 평범한 삶의 방식으로 점차 쇠퇴하는 현상은 누구에게나 흔히 일어난다. 10장의 목적은 의도적인 삶을 살기 위해 우리의 일상을 재조정하는 방법을 제안하는 데 있다.

안타깝게도 우리가 의도적으로 관찰하지 못한 것이 우리 삶을 강요할 때가 많다. 질병, 사역으로 인한 피로, 감정 고갈, 도덕적 실패, 포기 등은 사역을 강제로 위축시키거나 중단시키는 요인으로 작용한다. 하지만 심신 쇠약을 피하기 위해서가 아니라 심신 쇠약 때문에 사역을 중단한다는 것은 결코 바람직하지 못하다. 나는 그런 상황을 경험했지만 다른 사람들은 그런 상황을 경험하는 일이 없었으면 좋겠다.

건전한 삶의 리듬은 건강한 목회자, 또는 기독교 지도자가 될 수 있는 첩경이다. 아무 후회 없이 풍성한 삶을 영위하려면 매일, 매주, 매달 건강한 삶의 리듬을 유지해야 한다. 그런 삶이 우리를 유명인으로 만들거나 〈포브스Forbes〉 선정 세계 100대 부자 가운데 한 사람으로 만들어 줄 것이라는 보장은 없다. 하지만 최소한 바울의 말대로 하나님 앞에서 "거룩하고 흠 없고 책망할 것이 없는 자" 골 1:22로 살아갈 수 있도록 도와준다.

> 휴식을 취하면서 하나님과 교제를 나누며
> 그분의 본래 계획을 상기할 수 있는 시간을 갖지 않으면
> 사역의 중압감에 눌려 극도의 피로를 느낄 수밖에 없다.

나는 좌우로 흔들리며 내달리는 고성능 자동차처럼 늘 자갈을 사방으로 튀기면서 끊임없이 바퀴를 회전시키는 듯한 삶을 살았다. 나의 삶은 타이어 타는 냄새를 풍기며 먼지 구름을 일으키고, 거칠게 꽁무니를 휘저으며 요란을 떠는 자동차와 다름없었다.

하지만 이제는 속도를 줄여 자동차를 안정되게 유지하더라도 얼마든지 같은 속도로 앞을 향해 전진할 수 있다는 사실을 깨달았다. 타이어를 정상적으로 바닥에 밀착시키면 꽁무니를 흔들지 않고서도 앞으로 잘 달릴 수 있을 뿐 아니라 불필요한 동작을 최소화하고 연료를 효율적으로 사용할 수 있다. 과거처럼 그렇게 요란을 떨 필요가 없었다. 그렇게 하지 않아도 얼마든지 주어진 일을 할 수 있다.

> 균형 있는 삶이란 인생과 일을 즐기고, 가족과 친구들과 시간을 보내고, 건강을 유지하고, 즐거운 놀이를 하고, 영성을 잃지 않고, 공동체를 위해 기여하는 삶을 의미한다.
> _www.enerpace.com/Balanced_Life_Article.pdf

인생의 달력

지난날의 여정을 마치고 돌아온 내가 좀 더 의도적인 삶을 살 수 있도록 도와주었던 수단이 여러 가지 있다. 그 가운데 하나는 '인생의 달력'이라는 것이다.

인생의 달력은 의도적인 삶을 살 수 있도록 도와준다. 나는 의도적인 삶의 중요성을 깨닫고 나서 인생의 달력을 개발했다. 인생의 달력은 매달 할 일을 계획하고, 올바른 길을 걷고, 발전 상태를 점검하고, 경건의 시간을 유지하고, 가족과 건강에 관심을 기울일 수 있도록 도와준다. 인생의 달력을 주문하려면 www.lifejournal.cc를 방문하라.

나는 이 도구를 이용해 삶을 살아가는 속도와 정확도를 측정한다. 인생의 달력에는 내가 평가하고 유지해야 할 요소들이 일별, 월별, 계절별로 갖추어져 있다. 비록 내가 하는 일을 모두 포함하고 있지는 않지만 가장 중요한 것들을 점검할 수 있는 기회를 제공한다. 결코 타협할 수 없는 문제들이 우선 정리되면 나머지 문제는 훨씬 쉽게 제자리를 찾는다.

매일의 기본지침

- 가족이나 배우자와 함께 지내지 않는 저녁시간이 연속해서 세 번을 넘지 않도록 한다. 몇 가지 세부 내용을 밝히면 다음과 같다.
  * 하루 저녁을 사역 활동에 할애한다. 당연한 일이다.

* 이틀 저녁을 연속해서 사역 활동에 할애한다. 괜찮다.

* 사흘 저녁을 연속해서 사역 활동에 할애한다. 가능하다. 하지만 먼저 가족에게 양해를 구해야 한다.

* 나흘 저녁을 연속해서 사역 활동에 할애한다. 절대로 안 된다. 뭔가 다른 방법을 찾아야 한다.

● 가족과 본인을 위해 체력을 남겨 두어야 한다는 사실을 잊지 말라.

● 기도, 운동, 계획, 독서, 경건의 시간은 날마다 빠짐없이 이루어져야 한다. 풍요로운 삶을 영위하려면 반드시 이 다섯 가지 요소가 필요하다.

* 기도-하나님과의 교통을 위해 빼놓지 말고 최소한 몇 분이라도 기도하라.

* 운동-거실에서 혼자서 하는 운동이라도 매일 빠뜨리지 말고 일정한 양의 운동을 해야 한다.

* 계획-하루나 한 달 일정을 미리 계획해 만나야 할 사람들과 처리해야 할 일에 대비하라.

* 독서-매일 무엇이라도 읽어라. 지식을 늘리고, 새로운 아이디어를 떠올리고, 삶에 대한 관심을 새롭게 해 줄 수 있는 양서나 잡지를 선택하라.

* 경건의 시간-하나님과 친밀한 교제를 나누는 시간을 매일 마련하라.

매주의 기본지침 - 여섯 날은 일하고 하루는 안식한다

● 하나님의 말씀에 따라 하루를 반드시 안식하라. 안식을 지키는 것이 하나님을 영화롭게 하는 것이다. 목회자의 경우에는 주일 예배를 준비해야 한

다는 부담감이 비교적 적은 주초에 휴식 시간을 마련하라.
- 일주일을 계획할 때는 리처드 스웬슨이 저술한 두 권의 책 가운데 한 권을 읽으면 도움을 얻을 수 있다.
  * 〈과부하 신드롬The Overload Syndrom : 자신의 한계를 지키며 사는 법〉
  * 〈여백이 있는 삶Margin : 과부하 인생을 살아가는 이들이 감정과 육체와 경제와 시간의 여유를 회복하는 법〉
- 쉬는 날에는 연료통을 가득 채워 주는 활동을 계획하라. 골프, 낚시, 집 안에서 하는 퍼팅 연습, 정원 손질 등 무엇이든 본인이 좋아하는 활동을 하라. 삶의 속도에 변화를 주라. 오랫동안 하고 싶었던 일을 하되 편안하고 재미있는 하루를 보내라. 누구에게나 재충전의 날이 필요하다.
- 쉬는 날에도 경건의 시간을 갖고, 하나님과 교제를 나누며 보통 때보다 성경을 좀 더 열심히 연구하라. 우리의 영혼을 은혜로 가득 채워라.

계절의 기본지침 - 휴가와 개인 수련

- 매달 개인 수련의 시간을 마련해 일상 활동을 중단하고 하나님의 뜻에 귀를 기울여라. 이 점에 대해서는 뒤에서 좀 더 상세히 설명할 계획이다.
- 휴가를 가족들이 재미있게 보낼 수 있는 계획을 마련하라.
- 욥이 자녀들과 깊은 관계를 맺었다는 사실을 기억하라. 그는 자녀들을 식사에 초대하기도 하고, 그들 각자를 위해 날마다 기도했다. 온 가족이 한

자리에 모일 수 있는 기회를 마련하라.
- 직계 가족의 생일을 특별한 날로 만들어라.
- 가정 축제를 자주 마련하라. 그런 행사는 가족들의 관계를 새롭게 하고, 신앙생활에 더욱 매력을 느끼며 아무 부담 없이 믿음을 받아들일 수 있도록 도와준다. 축제를 신령하지 못한 것으로 생각할 필요는 없다.
- 장막절에 온 가족과 함께 한 주 동안 텐트 생활을 하며 즐겁게 지냈던 추억을 기억하고 가족들끼리 캠핑을 떠나 보라.

가족회의는 가족들의 미래와 계획과 꿈을 논하는 자리다.
가족들 사이에 분란이 있을 때는 해결책을
강구할 수 있는 시간이 필요하다.

- 가족회의−나는 분기당 한 차례 자녀들과 함께 식탁에 둘러앉아 우리의 미래와 계획과 꿈을 논의한다. 가족들 사이에 분란이 있을 때는 해결책을 강구하고, 잘못 이루어진 의사소통을 바로 잡을 수 있는 시간이 필요하다. 나는 해결책을 생각하고, 해결되지 않은 문제나 감정의 앙금이 남지 않게 하기 위해 최선을 다한다. 가족회의는 우리 가족이 지금까지 시도해 온 가장 좋은 활동 가운데 하나였다. 우리 가족은 내가 심신 쇠약을 극복한 직후부터 가족회의를 시작했다. 좀더 일찍 그런 시간을 가졌으면 좋았을 것이라는 생각이 든다. 가족회의에는 온 가족이 참석해야 한다. 한 사람도 빠져서는 안 된다. 지난해에 우리는 두 차례에 걸쳐 가족회의를 열었다.

인생의 계절 - 심신 회복을 위한 안식년

- 7년 동안은 열심히 사역을 행한 뒤에는 세 달 동안 안식년을 갖고 사역에 대한 열정을 새롭게 불태워라.
  * 모든 활동을 중단하고 치유와 회복에 힘쓰라. 가능하면 안식년을 보내면서 새로운 아이디어와 지식을 축적할 수 있는 기회를 제공해 줄 곳으로 떠나라.
  * 사역에 대한 열정이 새롭게 불타오르기 시작하거든 몇 가지 아이디어를 마음에 담아 집으로 돌아와라. 안식년을 보내는 동안 새로운 아이디어가 떠올랐다면 몇 주 정도 시간을 두고 곰곰이 생각하면서 다시금 창의성을 발휘할 수 있는 능력을 길러라.
  * 밥 버포드의 〈하프 타임 Half Time〉처럼 중년의 위기를 극복하고 중년의 삶을 새롭게 시작할 수 있도록 도와주는 책들을 읽어라.

심신 쇠약을 경험한 직후까지 인생의 달력을 실천에 옮기는 일을 늦출 필요는 없다. 지금 당장부터라도 일별로, 주별로, 계절별로 안식해야 할 때를 지키면서 삶의 리듬을 유지하도록 노력하라. 이 일을 허락할 사람은 우리 자신 외에는 아무도 없다.

개인 수련

월별 개인 수련의 시간은 나에게 많은 유익을 가져다 주었다. 나에게 개인 수련의 시간을 가르쳐 준 미국 복음주의 자유 교회에 심심한 사의를 표한다. 그곳에서 주최하는 교회 사역 회복 프로그램은 지금까지 수많은 목회자와 지도자들에게 큰 도움을 제공했다. 복음주의 자유 교회의 웹사이트 www.efca.org를 방문하면 더 많은 정보를 얻을 수 있다.

> 개인 수련은 산산이 조각난 삶을 질서 있게 되돌리고,
> 삶의 방향과 초점을 회복할 수 있는 기회를 제공한다.

개인 수련 일정

개인 수련 시간은 한 달에 한 번 사역 활동을 중단하고 홀로 시간을 보내는 것으로 이루어진다. 달력에 그날을 표시해 놓으라. 개인 수련의 시간을 거창하게 생각할 필요는 없다. 개인 수련은 산산이 조각난 삶을 질서 있게 되돌리고, 삶의 방향과 초점을 올바로 회복할 수 있는 기회를 제공한다. 개인 수련은 의도적인 삶을 사는 데 매우 중요한 역할을 한다. 뿐만 아니라 개인 수련은 하나님과 장시간 교제를 나누며 그분의 말씀을 들을 수 있도록 도와준다.

그렇다고 조용히 앉아 하나님의 계시를 기다리라는 말은 아니다. 그럴 경우에는 한 시간도 못 되어 꾸벅꾸벅 졸기 쉽다. 그러기보다는 달력이나 행사 계획표, 공책, 펜, 성경책, 노트북 컴퓨터(소유하고 있는 경우)를 준비해 영감을 주는 음악을 들으면서 계획을 세워라. 물론 하루 종일 일정을 빡빡하게 진행할 필요는 없다. 여유를 가지고 계획하

고, 생각하고, 성찰하고, 미래를 희망하라. 다음은 내가 개인 수련의 시간을 보내는 방법이다. 참고하기 바란다.

1부. 우선 아침에 일어나면 간단한 조깅으로 몸을 푼다. 그런 다음 오전 6시 30분부터 평소보다 좀 긴 경건의 시간을 갖고, 성경을 묵상하고 깨달은 내용을 신앙일지에 기록한다. 나는 성급하게 서두르지 않고, 여유를 가지고 기도하면서 하나님이 가르쳐 주신 교훈을 삶에 적용할 수 있는 방법을 생각해 기록한다. 특히 하나님의 가르침에 따라 삶의 방식에 변화를 주는 것에 초점을 둔다. 다른 소리는 모두 잠잠해지고 오직 하나님의 음성만을 듣게 해 달라고 기도한다. 이 과정은 대개 두 시간이 소요된다.

2부. 달력을 꺼내 들고 현재 내가 어디까지 일을 처리했는지 점검한다. 특히 하나님이 나에게 요구하시는 '가장 중요한 5퍼센트(신앙생활, 결혼생활, 가정생활, 사역 활동, 건강관리)'에 얼마나 충실했는지 살피고, 내가 삶을 얼마나 잘 즐기는지를 점검한다. 아울러 내가 관심을 기울여야 할 일과 더 힘써 행해야 할 일이 무엇인지를 결정한다. 이 모든 것을 '인생의 달력'에 기록하고, 휴식과 안식과 가족 모임의 시간을 계획한다.

내가 그런 일들을 미리 계획하는 이유는 우리의 일상이 너무 분주해 자칫 가장 중요한 것에 관심을 기울이지 못할 가능성이 높기 때문이다. 나는 그러한 삶의 기초를 가장 먼저 설정하려고 노력한다. 이 과정은 대개 한 시간이 소요된다.

3부. 약 두 시간이 소요되는 이 과정은 앞으로의 강연과 설교 일정을 계획하는 데 우선 초점을 둔다. 강연과 설교 일정을 미리 계획하는 이유는 준비하는 시간을 충분히 확보하기 위해서다. 아울러 나는 하나님이 우리 교회에 하시고자 하는 말씀을 생각해 주제별로 나누어 정리한다. 나는 이렇게 정리된 내용을 우리 교회에서 일 년에 세 차례에 걸쳐 개최되는 지도자 육성 모임에서 설명한다. 개인 수련의 시간에 1부, 2부, 3부의 과정을 완수하는 일은 그리 어렵지 않다.

4부. 나의 '대시보드'에 각각의 다이얼을 등급별로 나눈다. 이에 대해서는 '나의 열두 다이얼'이라는 항목에서 자세히 설명할 예정이다. 나는 나의 삶에 있어 쉽게 눈에 띄지 않은 중요 부분을 솔직하게 평가하고, 평균 점수가 B에 미치지 못하는 것에 우선적으로 관심을 기울여 다음 번 개인 수련의 시간을 가질 때는 점수가 높아질 수 있는 방법을 고안한다. 이 과정에는 대개 약 한 시간이 소요된다.

하루를 따로 정해 하나님과 교제를 나누고, 영혼을 새롭게 하고, 소명에 대한 열정을 뜨겁게 달굴 수 있는 시간을 확보하라.

5부. 그런 다음에는 설교 준비와 독서에 시간을 할애한다. 내가 유익하게 읽었던 책들 가운데는 선교사들의 전기가 있다. 허드슨 테일러, 조나단 고포스, 데이비드 리빙스턴, 마더 테레사, 에미미 카마이클과 같은 신앙 위인들의 삶은 항상 나의 영혼에 큰 자극을 주었다. 이 과정은 약 두 시간이 소요된다.

6부. 남은 시간은 비전을 발전시키는 데 할애한다. 앞으로 5년 안에 내가 해야 할 일, 곧 내가 완수해야 할 인생 목표, 가족들에게 필요한 환경과 결혼생활의 방향, 가고 싶은 여행을 비롯해 여러 가지 꿈을 머릿속에 그려 본다.

그런 다음 6시경에 집으로 돌아와서 아내와 저녁식사를 하면서 내가 꿈꾸었던 일들을 말한다. 아내는 내가 말하는 꿈들 가운데 실현 가능한 바람직한 것들과 그렇지 못한 것들을 구별할 수 있도록 도와준다.

나의 방식이 모두에게 잘 들어맞으리라는 보장은 없지만 개인 수련을 시작할 수 있는 단초는 될 수 있다. 요점은 하루를 따로 정해 하나님과 교제를 나누고, 영혼을 새롭게 하고, 소명에 대한 열정을 뜨겁게 달굴 수 있는 시간을 확보하는 것에 있다. 개인 수련은 심신을 새롭게 하고, 의욕을 부추기고, 삶의 방향을 올바르게 하는 데 큰 도움이 된다. 개인 수련은 사역과 삶을 좀 더 효율적으로 실천해 나갈 수 있도록 도와주는 거룩한 시간이다.

성공적인 개인 수련을 위한 조언

1. 무엇보다 개인 수련의 날을 마련하는 것이 중요하다. 목회자의 경우에는 매달 마지막 월요일이나 화요일을 개인 수련의 날로 잡으면 좋다. 월말에 개인 수련을 계획하면 한 달 동안 해온 일을 점검하고, 다음 달의 계획을 세우기가 편리하다.

2. 개인 수련의 날은 못다 한 일을 처리하는 날이 아니다. 미처 이루지 못한 일은 그대로 책상 위에 놔두고, 이메일에 대한 답장도 손대지 말라. 개인 수련을 마치고 돌아올 때까지 가만히 놔두거나 다른 사람들에게 뒤처리를 맡겨라. 개인 수련의 시간을 끝내지 못한 일을 마무리하는 시간으로 삼아서는 곤란하다. 심신이 새롭게 되어 집에 돌아오면 우리의 손길을 기다리는 문제들을 더욱 지혜롭고, 능력 있게 처리할 수 있을 것이다.

3. 개인 수련의 시간을 교회에서 보내지 말라. 집에서 하는 것도 바람직하지 않다. 나는 주의를 빼앗길 가능성이 덜한 장소를 찾는다. 나는 지금까지 여러 장소를 시도해 보았다. 나는 다른 교회의 빈 사무실을 이용하기도 하고, 호텔을 찾아 평화와 고요를 돈을 주고 사기도 한다. 방문 앞에 '방해하지 마시오'라는 글귀를 부착하고, 외부 소음을 최소화하기 위해 헤드셋을 착용한다. 그런 방법이 불가능할 때는 도서관을 찾는다. 대학교 도서관은 크기 때문에 조용한 구석을 찾기가 용이하다. 도서관에 갈 때도 물론 헤드셋을 가지고 간다.

4. 개인 수련 시간에 하고 싶은 일들을 계획하라. 나는 항상 개인 수련 시간에 내가 생각하고 싶은 것들을 노트에 기록한다. 나는 마음에 와 닿은 성경 구절 가운데 좀 더 연구할 필요가 있는 말씀도 기록해 두고, 내가 읽고 싶은 책도 한두 권 챙겨 두고, 또 과거에 생각했던 목표들 가운데 다시 생각하고 싶은 것들을 결정하기도 한다. 그 밖에도 오토바이나 농사에 관한 잡지나 내가 관심이 있는 기업 잡지처럼 재미있게 읽을 수 있는 것들을 챙기는 것도 잊지 않는다.

각자의 공항 찾기

앞서 언급한 대로 '인생의 달력'과 '개인 수련' 외에 의도적인 삶을 살아가는 데 도움이 될 또 하나의 도구는 쉽게 눈에 띄지 않는 것을 볼 수 있게 해 주는 '대시보드'다. 우리의 삶을 구성하는 이 부분은 늘 건강과 활력이 넘쳐야 한다. 만일 그렇지 않으면 그렇게 만들 수 있는 방법을 반드시 고안해야 한다.

이를 좀 더 구체적으로 설명하면 다음과 같다.

나는 공항에서 막 마을을 떠나려고 하는 목회자 친구 하나를 만났다. 그는 한 달 전에 교회를 사임했다고 말했다. 그의 영혼은 심한 고뇌에 시달렸고, 그런 그의 심리 상태는 가족들에게 고스란히 전달되었다. 새로운 삶의 활력이 필요하다고 생각했던 그는 새 출발을 결심했다.

나는 그의 심정을 충분히 이해했다. 비록 그의 삶에 큰 변화가 일어났지만 나는 하나님의 종이요 한 가정의 충실한 가장으로 살아야 한다는 기본 소명에 충실하려는 그에게 찬사와 격려를 아끼지 않았다. 그는 언제 다시 교회를 맡게 될지에 대해서는 아무 말도 하지 않았다. 그는 단지 소명에 대한 열정을 다시 불태우고 싶어 했다.

공항에서 만난 목회자 친구는 마치 비행기 안에서 중요한 결정을 내려야 할 상황이었다. 그는 바야흐로 자신이 본래 생각했던 공항과 다른 공항에 안착할 찰나였다. 하지만 그 공항이 처음 것보다 덜 중요한 것은 아니었다. 비록 그의 계획 속에 없던 공항이었지만 그것 또한 하나님이 그를 위해 계획하셨던 공항 가운데 하나였다. 하나님은 그가 세상에 태어나기 전부터 미리 비행 계획을 수립해 놓고 계셨다.

그는 자신의 본래 소명을 포기하지 않았다. 오히려 그것을 회복하는 중이었다. 안식년을 보낸 후 그는 소명을 되찾았다. 단지 그의 활동 영역이 이전과 달랐을 뿐이다. 현재 그는 아웃리치 선교 사역을 즐겁게 행하고 있다. 그는 자신이 경험한 크고 작은 기적들을 통해 자신의 삶 속에서 이루어지는 하나님의 사역을 널리 전하고 있다.

열두 개의 다이얼

내가 이 방식을 생각해 낸 것은 아마 공항에서 친구를 만났기 때문인지도 모른다. 나는 항공기 조종사가 지켜보는 대시보드를 떠올렸다. 그곳에는 디지털 숫자가 때로 올라가기도 하고, 때로 낮아지기도 한다. 또한 다이얼의 바늘이 상승하기도 하고 하강하기도 한다. 항공기와 승객의 안전을 책임져야 할 조종사는 그런 장비를 항상 예의 주시해야 한다. 그것들을 무시한다면 그는 정신이 나간 조종사일 수밖에 없다. 조종사는 응급 상황이 발생하면 비행 계획을 수정해 가장 가까운 공항에 착륙을 시도해야 한다. 착륙 지점은 A에서 B로 바뀌었지만 승객의 안전이 더 중요하다. 조종사는 이런 사실을 다른 누구보다 더 잘 안다.

조종사는 비행기의 중요 요소들을 눈으로 직접 확인할 수 없다. 그는 연료가 얼마나 남았는지도 알 수 없고, 엔진의 온도가 얼마인지도 직접 느낄 수 없다. 연료통에 남은 연료는 그의 눈에 띄지 않는다. 또한 그는 카뷰레터가 냉각되고 있는지도 알 수 없다. 그는 단지 중요 부위와 연결된 바늘과 다이얼만을 볼 수 있을 따름이다. 그것들은 조종사의 눈앞에 있는 대시보드에 설치되어 있다. 조종사는 그것을 통해 보이지 않는 부위를 점검한다. 그것들 가운데 하나가 고장이 나면 때는 이미 늦는다. 조종사는 장비를 지켜봄으로써 초기에 문제를 발견해 필요하다면 가까운 공항에 비행기를 착륙시켜야 한다.

내 삶에도 내 눈에는 보이지 않는 중요한 요소들이 존재한다. 그것들은 쉽게 관찰할 수 없지만 문제가 발생하면 보이지 않는다는 이유로 안전을 보장받기는 어렵다. 사실 그럴 경우에는 심각한 결과가 빚어진다.

눈에 보이지 않는 것을 볼 수 있게 도와주는 수단은 나의 대시보드다. 나의 대시보드는 나의 건강과 성공에 반드시 필요한 시스템을 측정해 줄 열두 개의 다이얼로 구성된다. 먼저 그 내용을 대강 설명한 뒤에 하나씩 살펴보기로 하겠다. 나는 정직하게 각각 등급을 매기고 문제를 개선할 수 있는 방법을 생각해 몇 개의 문장으로 기록한다. 다시 말해 각 분양의 등급을 매기면서 즉각적인 보수와 유지를 필요로 하는 것을 결정한다.

몇 주 전 개인 수련 시간에 이 방법을 적용해 보았다. 그에 대한 결과와 내가 실천해야 할 방안을 열거하면 다음과 같다.

1. 신앙생활 B+

나의 신앙생활은 일관성이 좀 부족하다. 생각과 계획을 목록으로 작성하는 것이 필요하다. 경건의 시간, 신학 연구, 목회 기술 배양을 위해 책을 좀 더 열심히 읽어야 한다.

2. 결혼생활 A-

나의 결혼생활은 크게 향상되었다. 아내와 함께 운동과 대화, 산책과 같은 활동을 하기 위해서는 시간이 좀 더 필요하다. 목회 사역이 급할 때면 나는 너무 그것만을 생각하는 경향이 있다. 따라서 목회 사역을 효율적으로 이끌어 낭비되는 시간을 줄이는 것이 필요하다.

3. 가정생활 A-

나의 가정생활은 대체로 양호하다. 나는 자녀들과 손자들을 사랑하며, 그들의 행복한 미래를 위해 최선을 다해 헌신한다. 그들과 좀 더 친밀하게 지내며 신앙 훈련을 독려하고, 하나님의 은혜 가운데서 성장할 수 있도록 도와야 할 필요가 있다. 나는 그들의 미래를 위한 계획이 있고, 그들의 개인생활을 지나치게 간섭하지 않으면서 그들을 좀 더 잘 훈련시킬 수 있는 방법을 알고 있다.

4. 사무 활동 C-

나의 사무 활동은 좀 더 조직적이어야 할 필요가 있다. 파일 정리, 가족 보험, 세무 관련 서류, 청구서 등 중요한 문서들을 찾기가 어렵다. 나는 신디 클로빈스키의 〈한 번에 하나씩 : 복잡하지 않은 일상생활을 약속하는 100가지 방법 One Thing at a Time : 100 Simple Ways to Live Clutter-Free)을 사 보고 모든 것을 가지런히 정돈할 생각이다. 내 사무실을 멋지고 사용이 용이하게 바꾸겠다. 모든 것이 깔끔하게 정리되면 머리도 맑아지고 마음도 더 평온해질 것이다. 한 달 내에 계획을 마무리할 생각이다.

5. 컴퓨터 생활 C

나는 컴퓨터를 많이 사용하기 때문에 컴퓨터는 나의 삶에서 중요한 비중을 차지한다. 나의 컴퓨터는 내가 하는 일을 전달하기도 하고, 또 필요한 것들을 목록화하기도 한다. 사진을 저장해 두기 위해서는 좀 더 용량이 큰 하드 드라이브를 비롯해 여행이나 강연을 떠나는 경우를 대비해 비디오로 옮겨 저장할 수 있는 좀 더 작은 하드 드라이브가 필요하다. 또한 자동차를 몰고 가는 동안 파일을 업로드하려면 Mac.com을 사용하는 것이 좋을 듯하다. 이 밖에도 컴퓨터의 하드에서 불필요한 것들을 삭제해 효율성을 최적 상태로 유지하는 것이 필요하다.

6. 사역 활동 B-

나의 사역 활동은 너무 빡빡하다. 교회 직원들을 훈련하는 능력이 부족하다. 나는 재조정 계획을 실행하고 있고, 앞으로 넉 달 뒤에 재평가를 계획하고 있다. 나는 직업 활동도 하고 사역도 하는 겸임 지도자들을 훈련시켜 공동체 사역을 맡길 계획이며, 앞으로 더 많은 지도자를 훈련시키는 일에 관심을 기울일 생각이다.

7. 경제 활동 B+

나의 경제 상황은 대체로 양호하다. 하지만 파일과 문서를 정리하는 것이 필요하다. 시간을 내어 나의 경제 상황을 면밀히 점검하는 것이 필요할 듯하다. 나의 경제 상황을 앞으로의 계획에 맞춰 점검해야 할 필요가 있다. 나의 인생 목표는 부자가 되는 것이 아니라 풍요로워지는 것이다. 나는 믿음, 결혼생활, 가정생활, 사역 활동에서 풍요를 누리며 평화롭게 살고 싶다.

8. 사회 활동 B-

앞에서도 말했지만 나는 너무 한쪽에만 골몰하는 경향이 있다. 사회 활동도 하고, 친구도 사귀고, 봉사 활동에도 참가하는 것이 필요하다. 전에는 곧잘 그런 일에 관심을 기울였는데 교회가 성장하기 시작하면서 사역에만 몰두하게 되었다. 다시 균형을 회복하는 것이 필요할 듯하다.

9. 태도 B

내가 잘 안다고 생각하는 사람들에게 너무 쉽게 실망하는 경향이 있다. 나의 심신을 지치게 만드는 사람들을 아예 회피하거나 아니면 좀 더 인내하거나 둘 중에 하나가 필요하다. 인내심을 더 기르고, 나만큼 빨리 달릴 수 없는 사람들을 너무 재촉하지 않도록 주의해야겠다. 사람을 대하는 기술을 향상시켜야 할 필요가 있다. 나는 지도자로서 사람들을 훈련하고, 격려하고, 교정하고, 경책해야 할 책임이 있다. 훈련과 격려는 쉽지만 교정과 경책은 어렵다.

10. 저술 활동 C

나는 저술 활동에 대한 노력이 부족하다. 앞으로 시간을 내 하나님이 요구하시는 책을 써야겠다. 다음번에 펴낼 책을 구상할 것이다.

11. 강연 활동 B

나는 강사로서 그리스도의 몸인 교회 앞에서 말씀을 전한다. 강연 활동과 목회 사역, 곧 다른 곳에서 말씀을 전하는 일과 우리 교회에서 사역을 행하는 일을 균형 있게 맞춰 나가야 할 필요가 있다. 조용히 하나님 앞에 머리를 조아리고 그분의 뜻을 헤아리고 이 둘을 균형 있게 유지하는 방법을 생각하는 시간이 필요하다.

12. 육체 활동 B-

체중을 좀 줄여야 한다. 체중 조절에 우선적으로 관심을 기울이는 것이 필요하다. 건강한 식사를 하고 매사에 도를 넘지 않도록 주의하자.

진실성

각 항목을 평가할 때는 진실해야 한다. 진실은 개인 성장에 가장 중요한 공식이다. 어떤 삶을 선택하든지 중요한 교훈을 배울 수 있다. 하지만 거짓과 부정을 의도적으로 거부함으로써 성장을 가속화 해야 한다. 진정한 성장은 오직 정직한 성장을 통해서 이루어진다. 우리는 다른 무엇보다도 진실에 헌신해야 한다. 바꾸어 말해 우리 자신과 실패와 결함과 습관을 솔직히 인정할 수 있어야 한다.

진정한 성장은 오직 정직한 성장을 통해 이루어진다.

은폐나 거짓을 통해서는 성장을 도모할 수 없다. 아무리 불쾌하고 어렵게 보이더라도 새로운 진실이 드러나거든 솔직히 인정하고 받아들여야 한다. 문제가 존재한다는 사실을 부인하는 한 문제를 극복할 가능성은 없다. 현재 상태가 잘못되었다는 사실을 인정하지 않으면 어떻게 충만한 삶을 살 수 있으며, 내면이 고갈되었다는 사실을 인정하지 않으면 어떻게 결혼생활을 개선할 수 있겠는가? 또한 하나님의 목적에 부합하지 않은 습관이 우리에게 존재한다는 사실을 인정하지 않으면 어떻게 건강한 삶을 발전시킬 수 있겠는가?

진리는 반드시 실천으로 옮겨져야 한다. 물론 진리를 실천한다고 반드시 성공이 보장되는 것은 아니다. 하지만 거짓을 붙잡고 살면 반드시 실패할 수밖에 없다.

진리의 편에 선다고 문제가 하루아침에 해결되는 것은 아니지만, 하나님이 정하신 길을 따라 올바른 방향으로 발걸음을 내디딜 수 있다.

성찰의 시간

LEADING ON EMPTY

최근에 걸려 온 몇 차례의 전화는 나의 삶을 완전히 바꾸어 놓았다. 장인어른이 사망했다는 전화에 이어 손자가 수술대에서 목숨을 잃었다는 전화가 걸려왔다. 그 아이는 태어난 지 겨우 56일밖에 안 되는 갓난아이였다. 의사들은 수술 중에 아이의 심장 판막을 여는 대신 닫아 버렸다. 그때 나의 막내딸이 혼외정사를 통해 임신을 했다. 다른 사람들이 나의 비통한 심정을 위로했지만 그 모든 문제를 극복해야 할 당사자는 나뿐이었다. 나는 손자를 땅에 묻고 그 다음 날에 일터로 돌아왔다. 마음이 크게 낙심되면서 절망감이 밀려들더니 의욕이 모두 사라졌다.

지난해 워싱턴에서 열린 모임에 참석했다. 모임에 참석한 목회자들에게 나누어 준 꾸러미에는 웨인 코데이로가 심신 쇠약을 경험하고 안식년을 보내야 했던 사연이 적힌 인쇄물이 들어 있었다. 나는 호텔 방에서 그것을 읽으며 울음을 터뜨렸다. 아내는 무슨 문제냐고 물었다. 나는 그 인쇄물을 아내에게 건네주면서 나의 심정을 털어놓았다.

나는 워싱턴을 떠나 뉴욕으로 돌아왔고, 한 교회에서 말씀을 전했다. 나는 눈물을 멈출 수 없었다. 집에 돌아왔는데도 눈물은 여전히 멈추지 않았다. 바로 그때 우리 교회 부교역자가 나에게 휴식이 필요하다고 말했다. 나는 모든 활동을 중단하고 3개월의 안식년을 가졌다.

나는 '포커스 온 패밀리'에 연락을 취했다. 그들은 나에게 콜로라도에 있는 '선스케이프(SonScape)'를 추천했다. 그곳은 목회자와 기독교 지도자를 위한 휴양지였다(www.sonscape.org). 나는 그곳에서 내 인생의 가장 행복한 여드레를 보냈다.

나에게 특별히 도움을 주었던 이야기 하나가 기억난다. 그들은 물고기가 생존하기 위해 조류에 대처하는 방법을 설명했다. 물고기는 바위 뒤에 숨거나 조류를 피해 밑으로 내려가거나 조류가 없는 곳으로 몸을 피해야 한다. 우리가 되돌아갔을 때 사역의 스트레스가 저절로 줄어들 것이라는 보장은 없다. 목회자인 우리도 숨거나, 깊이 내려가거나, 조용한 장소를 찾아야만 한다.

나는 슬픈 감정을 토로하는 시간을 가졌다. 그것은 사랑하는 이들의 죽음만이 아니라 그동안 살아오면서 감당해야 했던 모든 상실감을 떨어내는 시간이었다. 그때까지만 해도 나는 한 번도 슬픈 감정을 있는 그대로 드러낸 적이 없었다.

그렇다면 내가 완전한 상태로 돌아왔다는 뜻일까? 그렇지 않다. 올해는 나에게 진정 어려운 한 해였다. 내가 안식년을 갖는 동안 일부 교인들이 교회를 떠났다. 하지만 나는 나 자신이 수퍼맨이 아니라는 사실을 직시해야 했다. 나에게는 살아오면서 고쳐야 했을 많은 약점이 있었다. 따라서 나는 그런 약점을 보강할 시간을 가진 것을 후회하지 않는다.

내가 돌아온 이후 교인들은 나의 설교에서 이전보다 사랑의 마음을 더 많이 느낀다고 말한다. "목사님 설교가 마음에 깊이 와 닿았습니다." 나의 감수성이 다시 회복되어 가고 있다는 증거다.

- 어느 솔직한 목회자의 이야기

쉼이 더 큰 일을 이룬다

"하나님이 지으시던 일이 일곱째 날이 이를 때에 마치니 그 지으시던 일이 다하므로 일곱째 날에 안식하시니라 하나님이 일곱째 날을 복 주사 거룩하게 하셨으니 이는 하나님이 그 창조하시며 만드시던 모든 일을 마치시고 이날에 안식하셨음이더라" _창 2:2-3.

일정에 쫓겨 분주하게 살아야 하는 오늘날의 분위기에서 장시간의 휴식은 갑부나 노인이나 병자만이 누릴 수 있는 호사에 해당한다. 오늘날 휴식은 성공을 약속하는 핵심 요소 가운데 포함되지 않는다. 하지만 나는 안식년의 휴식이 반드시 필요하다는 점을 힘껏 역설하고 싶다. 안식일과 안식년은 우리의 믿음과 삶의 열매를 풍요롭게 해 주기 위한 하나님의 계획 가운데 일부다.

하나님은 안식일에 창조 사역을 모두 마쳤다고 선언하셨다. 아무도 더 이상 창조할 수도 없고, 또 그렇게 하려고 해도 안 된다. 하나님의 백성은 그분을 본받아 그날에 아무 일도 해서는 안 된다. 안식일은 피조물이 하나님의 창조 능력에 동참할 수 있는 유일한 시간이었다. 피조물은 세상을 창조하지 않았지만 하나님의 안식에 동참했다. 하나님은 일곱째 날에 안식하셨다.

안식일은 하나님의 창조 사역이 완료되었음을 인정하는 날이다. 안식일에 일하는 것은 우리가 하는 일이 하나님의 창조 사역보다 중요하다는 것을 의미한다. 안식일에 일을 중단하는 것은 우리의 일이 하나님의 일에 비하면 지극히 사소하다는 사실을 인정하는 것을 뜻한다. 우리가 하는 일은 심지어 목회 활동이나 자선 활동일지라도 모두 하나님의 안식 명령에 따라야 한다.

일을 마친 후에는 안식하는 법을 배워야 한다. 하지만 문제는 일이 완전히 마무리될 때가 존재하지 않는다는 것이다. 해야 할 일이 항상 남아 있다. 따라서 안식일의 휴식은 일을 다 마쳐야만 취할 수 있는 것이 아니라 무조건 복종해야 할 하나님의 명령이다. 다시 말해 안식일 준수 여부는 우리의 편의나 근면함의 문제가 아니라 복종의 문제에 속한다.

유대인들은 안식일뿐 아니라 칠 년에 한 번씩 땅을 쉬게 하고 모든 채무를 탕감해 주는 안식년을 지켰다. 그들은 안식년에 계약 노동자들을 비롯해 노예를 해방시켰다. 느헤미야가 유다에 돌아왔을 때는 안식년 제도를 범하는 유대인들이 많았다. 따라서 그는 귀족, 장로, 백성들과 더불어 새 언약을 세우고 엄숙히 맹세했다. 당시 일을 기록한 성경 말씀 가운데 일부를 인용하면 다음과 같다.

> "혹시 이 땅 백성이 안식일에 불화나 식물을 가져다가 팔려 할지라도 우리가 안식일이나 성일에는 사지 않겠고 제칠 년마다 땅을 쉬게 하고 모든 빚을 탕감하리라 하였고" 느 10:31.

안식년은 일곱 번째 해를 말한다. 구약시대에는 안식년을 두어 땅을 쉬게 해 자양분과 미네랄이 풍부한 토양이 형성될 수 있는 시간을 할애했다.

안식년이 목회자나 기독교 지도자의 사역 수명을 유지하는 데 매우 중요한 이유도 그와 비슷하다. 안식년은 우리의 영혼에 자양분을 공급하고, 삶과 사역에 대한 열정을 회복할 수 있도록 도와준다.

대개 사람들은 안식년이 필요하다는 말에 '그럴 시간이 없어요'라는 반응을 보인다. 하지만 나는 묻고 싶다. "소명에 대한 열정이 얼마나 뜨겁고, 영혼이 얼마나 풍요로운가?" 이것은 매우 중요한 문제다.

열정을 회복하라

1993년 10월, 마이클 조던은 시카고 불스와 눈물의 작별을 고하고 새로운 영역을 개척하기 위해 출발했다. 그의 팀은 연속해서 세 번이나 NBA 챔피언 자리에 올랐고, 그의 활약은 농구 선수가 되기를 원하는 꿈나무들 사이에 군더더기 없이 높이 솟구쳐 슛을 날리는 조던식 농구를 퍼뜨렸다. 역사상 가장 훌륭한 농구 선수는 누구일까? 그때나 지금이나 많은 사람이 여전히 마이클 조던을 손꼽는다.

마이클 조던이 은퇴를 선언하기 일 년 전, 그와 그의 US 드림팀은 바르셀로나 올림픽에서 금메달을 획득했다. 그보다 더 영광스런 은퇴 선물이 어디에 있었겠는가? 시카고 불스는 23번을 영구히 보존하기로

하는 한편, 자신들의 홈구장에 실물 크기의 동상을 세워 그를 기렸다.

팬들은 물론 전문가들도 그가 농구계를 떠났던 이유를 궁금해 했다. 사람들은 1993년에 조던의 아버지가 살해된 사건, 또는 조던이 NBA 게임을 걸고 도박을 한다는 요란한 방송보도가 원인일 수 있다고 추측했다. 하지만 조던이 은퇴를 선언한 지 이틀 뒤에 NBA 관계자들은 그가 아무 잘못도 저지르지 않았다는 말로 모든 추측을 일축했다.

그러는 사이 조던은 야구에 입문했다. 키 198센티미터의 포인트 가드가 시카고 화이트삭스 산하의 더블A 팀과 계약을 맺었다. 하지만 시카고 불스 선수들 가운데 가장 긴 체공 시간을 자랑하던 농구 황제가 화이트삭스의 홈런 황제가 되리라는 보장은 전혀 없었다.

실제로 그는 야구에서 큰 성공을 거두지 못했다. 조던의 타율은 지극히 평범했다. 그는 앨라배마 버밍엄에서 우익수로 활동하면서 주로 공중 볼을 잡거나 유명 스타로서 관람권 판매율을 높이는 데 힘을 보태며 시간을 보냈다.

그러다가 조던은 1995년 3월 18일에 '다시 돌아왔소이다'라는 간단한 복귀 선언과 함께 농구계로 돌아왔다. 그 후 3년 동안 조던은 시카고 불스에게 세 차례나 더 NBA 챔피언 타이틀을 안겨주었다. 하지만 1999년 1월 13일 조던은 다시 은퇴했다.

조던의 이야기는 어떤 교훈을 줄까? 농구 황제 조던은 1993년에 농구 실력이 줄어든 것이 아니었다. 그가 잃은 것은 농구에 대한 열정이었다. 그는 야구로 종목을 바꾸면 다시금 불타오르는 열정이 되살아날 것으로 생각했다. 새벽부터 잠자리에서 일어나고, 온갖 장애와 난관을 극복할 수 있게 하는 것은 바로 열정이다.

열정은 회복될 수 있다.

비록 모두가 세상에서 가장 정신 나간 결정이라고 아우성치더라도 인생을 살다 보면 버밍엄 배런스의 우익수로 활동했던 조던처럼 행동할 수밖에 없는 시기가 있다.

우리는 이따금 열정을 회복할 필요가 있다. 열정은 회복이 가능하다. 잠시 모든 것을 접고, 전부터 해 오던 일과 다른 일을 시도할 수도 있다. 그래도 괜찮다. 열정과 욕구가 다 식어버린 상태에서 경기를 하기보다는 다른 일을 시도하는 것이 더 낫다.

조던의 경우에는 야구 선수로 2년 동안 마이너리그에서 뛰었던 것이, 또 나의 경우에는 노스웨스트 농장에서 시간을 보냈던 것이, 공항에서 만난 목회자 친구의 경우에는 새로운 환경에서 또 다른 사역에 참여하게 된 것이 각각 그러한 경험에 해당한다. 어떤 경우이든 각자 자신의 방법을 찾아야 한다. 시카고 불스의 농구 황제가 종목을 바꾸었는데도 체력과 기량을 다지는 일을 게을리하지 않았다는 사실에 주목하라. 그는 열심히 연습했다. 그는 전과 판이한 종목에서 기술을 연마하기 위해 온갖 노력을 기울였다.

그가 필요로 했던 것은 돈이나 명예가 아니라 열정의 회복이었다.

나의 목표는 하나님이 허락하신 소명에 대한
열정과 욕구를 회복하는 것이었다.

나는 사역을 하는 동안 때로 아무리 좋은 생각이라도 지겹게 느껴질 때가 있다는 사실을 발견했다. 이는 다른 사람들의 경우에도 마찬가지다. 그런 상황이 발생하면 리더십에 악영향을 미친다. 다시 말해 성장이 필요한 분야에 대한 관심이 줄어들고, 비전이 흐릿해지고, 지도자가 경영자로 변하는 현상이 나타난다. 그런 경우에는 휴식이 필요하다. 휴식의 목적은 단 하나, 곧 열정의 회복이다.

그러한 변화는 쉽게 감지되지 않는다. 심지어는 쇠퇴의 징후를 인정하지 않을 수도 있다. 왜냐하면 좀 더 열정과 노력을 기울이면 자신이 할 수 있거나 사람들이 기대하는 것보다 훨씬 더 많은 일을 할 수 있다고 믿기 때문이다. 하지만 심신 쇠약의 증세가 나타나기 시작하면 그때는 이미 늦는다.

여름철 휴가가 끝나기 2주 전에 아내가 집이 그립냐고 물었다. 물론 그랬다. 하지만 나는 '아직 돌아갈 준비가 되지 않았소. 열정이 되살아나지 않았소'라고 대답했다. 하지만 2주가 지나면서 내가 바라던 열정이 되살아났다. 나는 힘찬 발걸음으로 집에 돌아갈 준비가 되었다. 하나님이 허락하신 소명에 대한 열정과 욕구를 회복하겠다는 나의 목표가 이루어졌다.

리더십 에너지

지도자의 역할은 관리가 아니라 고도(高度)를 확보하는 것이다. 그러려면 내가 '리더십 에너지'라고 일컫는 것이 필요하다. 물론 기어를 바꾸고 베어링에 기름칠을 하는 성실한 관리자들이 필요하다. 하지만 사역을 이끌어 나가고, 그것에 미래를 향한 동력을 부여하는 것은 지도자의 몫이다. 지도자는 성장이 필요한 분야를 찾아내 그것을 발전시켜야 할 책임이 있다. 성실하고 믿을 만한 관리자들은 나름대로 훌륭한 가치를 지니지만 지도자와 협력할 때 비로소 최상의 가치를 발휘할 수 있다. 그 이유는 리더십 에너지만이 위를 향해 나아갈 수 있는 동력을 제공할 수 있기 때문이다.

민간 항공기의 연료 가운데 3분의 1이 비행기가 이륙해 일정한 고도에 도달하는 데 소비된다. 일단 고도가 10킬로미터에 이르면 그때부터는 그것을 그대로 유지하면 된다. 고도를 유지하며 비행하는 데에는 비교적 적은 연료가 소모된다.

지도자는 사역이나 기업이 발전하고 향상하는 데 필요한 상승 동력을 제공해야 한다. 그렇지 않으면 시간이 지나면서 성장이 둔화된다. 어제의 멋진 아이디어가 진부하기 짝이 없게 변하고, 한때 성장가도를 달리던 교회들이 보잘것없이 변하고 만다. 지혜와 열정을 갖춘 지도자가 없으면 교회가 그 어떤 노력을 기울이더라도 답보 상태를 면하기 어렵다. 다시 말해 여러 종류의 프로그램을 시도해도 사역 에너지만 고갈시킬 뿐 아무런 결실도 맺지 못한다.

지도자가 휴식을 취한 후에도 열정을 회복하지 못한 채 사역을 재개하면 이전과 똑같은 상황이 재현된다. 지도자는 관리자가 아니라 뜨거운 열정을 갖춘 지도자가 되어 돌아와야 한다. 왜냐하면 사역의 성장과 성공을 위해서는 열정과 에너지가 필요하기 때문이다. 한 마디로 사역은 상승 동력을 요구한다.

목회자에게 안식년이 필요한 이유

나는 오랫동안 월요일에만 휴식을 취했다. 하지만 화요일 아침마다 바이블 칼리지에서 강의를 하다 보니 월요일은 자연히 강의 준비에 할애해야 했다. 또한 주일에는 예배가 다섯 차례나 있기 때문에 토요일에는 마지막 순간까지 예배 준비에 만전을 기하지 않으면 안 되었다. 나는 항상 오후 3시에 집에서 나와 교회의 음향 시설을 점검했다. 결국 나는 수년 동안 안식일다운 안식일을 지내 본 적이 없었다. 시간을 다투어 긴급히 처리해야 할 일이 항상 산적해 있었기 때문이다.

안식일을 제대로 보내려면 하루 전에 미리 준비해야 한다. 우리는 유대인들에게서 그런 교훈을 배운다. 금요일 저녁에 해가 지면 유대인들은 모든 일을 중단한다. 그들은 집 안을 깨끗이 청소하고 음식을 장만하고 자동차를 세차하고, 잔디를 깎는다. 그렇게 모든 일을 처리한 뒤 그들은 다음 24시간 동안 참다운 안식일을 보낸다.

사실 목회자는 이틀의 안식일이 필요하다. 첫째 날은 사적인 삶을 유지하는 데 사용하고, 둘째 날은 공적인 안식일을 지키는 데 사용해야 한다. 하지만 그렇게 하기는 거의 불가능하다. 목회자는 늘 지친 몸을 이끌고 살아가야 한다.

얼마 전에 한 사람이 목회 수업을 쌓기 위해 새소망 교회를 찾아왔다. 그는 일 년 넘게 우리와 함께 일했다. 그는 우리 교회에 오기 전에 사업체를 정리했다. 그 돈으로 그는 하와이에 와서 가족들과 생활하며 목회 수업을 쌓았다. 그는 열정을 회복하는 일에 시간과 물질을 아낌없이 투자했다. 그는 이제 고향으로 돌아가서 새로운 사역을 시작할 참이다.

또 다른 목회자 한 사람이 캐나다에서 안식년을 보내기 위해 우리 교회를 찾았다. 그와 그의 아내는 3개월 동안 우리와 함께하면서 책을 읽고, 휴식을 취했다. 그는 현재 자신이 속한 교단에서 중책을 맡아 브리티시컬럼비아의 빅토리아로 돌아갔다.

안식년을 의미 있게 보내려면 새로운 학습 기회를 고려해야 한다. 교인들과 교회 위원들은 새로운 교육을 받거나 다른 교회의 사역 활동을 배우는 기회가 목회자에게 주어져야 한다는 사실을 이해해야 한다. 대개 교인들이나 교회 위원들은 목회자가 다른 교회를 방문하거나 세미나나 집회에 참석하거나 신학교 강의를 청취하는 일을 필요로 한다는 생각을 좀처럼 하지 못한다.

오늘날에는 교인들의 삶, 기술 문명, 사회 규범 등이 급속히 변하고 있다. 따라서 안식년을 이용해 새로운 교육을 받아야만 지도자와 교회가 무기력해지는 결과를 피할 수 있다.

단, 교육을 받는 시간은 안식년의 3분의 1을 넘지 않아야 한다. 나머지 3분의 2의 시간은 전적으로 휴식에 할애해야 한다. 연료통을 가득 채우는 활동을 하면서 충분한 휴식을 취해야만 지친 심신을 회복할 수 있다.

어떤 사람들은 반드시 칠 년을 채운 뒤에만 안식년을 가질 수 있다고 말한다. 나름대로 일리 있는 주장이다. 왜냐하면 사역이 정상적으로 가동되기까지는 그만한 시간이 필요하기 때문이다. 하지만 그때까지 목회자가 휴식을 취할 수 있는 시간이 조금도 없다면 그 또한 심신을 무기력하게 만드는 요인이 될 수 있다. 아무튼 한 곳에서 장시간 사역에 임하는 목회자의 경우에는 반드시 칠 년에 한 번씩 서너 달의 안식년이 반드시 필요하다.

혹시 '목회자에게 안식년이 필요한 이유를 이해할 수 없어요. 나는 안식년이 필요하지 않아요'라고 말할 사람이 있을지도 모르겠다.

하지만 앞서 말한 대로 목회자는 안식일에 휴식을 취하기 어렵다. 부교역자가 많은 대형 교회의 경우를 제외하면 목회자는 대부분 주일에 8시간 내지 10시간을 일해야 한다. 일반 직업에 종사하는 사람들은 최소한 일주일에 이틀의 휴식을 취할 수 있다. 게다가 주말에 연방정부나 주정부가 지정한 공휴일이 끼면 휴식을 취할 수 있는 시간은 더욱 길어진다. 다시 말해 일반인들은 금요일 오후부터 화요일 오전까지 쉴 수 있는 기회가 일 년에 여섯 차례나 된다.

자, 산술적으로 계산해 보자. 3일 동안 연달아 쉴 수 있는 기회가 일

년에 여섯 차례고, 그것을 다시 칠 년으로 곱해 보면 총 126일이라는 수치가 나온다. 이는 곧 서너 달의 안식년에 해당한다. 따라서 목회자가 칠 년마다 한 번씩 안식년을 보낸다고 하더라도 일반인에 비해 더 많은 휴식을 취한다고 할 수 없다.

미리 마셔 두라

갈증을 느끼기 전에 '15분마다 물을 마셔라.' 죄책감을 느낄 필요도 없고, 또 아직 힘이 있으니 계속 일을 해야 한다는 생각도 버려라. 물을 마시고 싶은 생각이 들지 않더라도 한잔 들이켜라.

휴식이 필요하다는 생각이 들든지 들지 않든지 정기적으로 휴식을 취할 수 있는 시간을 마련해야 한다. 영혼에 항상 수분을 공급하고, 열정을 새롭게 부추기는 노력이 필요하다. 나는 여름마다 휴식을 취한다. 내가 없는 동안 사역을 충실히 관리해 주는 사람들 덕분이다. 그들은 기어를 바꾸고 베어링에 기름칠을 하는 역할을 담당한다.

심신 쇠약을 경험하고 난 뒤부터 나는 사역 열정의 수치를 늘 점검한다. 전에는 나의 연료통이 항상 가득했지만 지금은 그렇지 못하다. 사역을 오래 할수록 연료를 공급하는 문제가 점차 힘들어진다. 그래서 연료 공급을 위해 잠시 휴식을 취하는 것이다.

'하지만 어떻게 휴식을 취할 생각을 할 수 있단 말이요?' 라고 반문할지도 모르겠다.

그 심정 충분히 이해할 수 있다. 그렇게 생각할 수밖에 없게 만드는 여러 가지 위협적인 문제들이 존재하기 때문이다. 그런 문제들 가운데 몇 가지를 열거하면 다음과 같다.

문제 1. 다른 사람들의 기대

때로 사람들의 기대는 매우 가혹하다.

최근 빌 하이벨스와 함께 2주 동안 여행을 다녀왔다. 빌은 오랫동안 친구이자 동역자로서 나와 인연을 맺었다. 우리는 매년 서로 협력 아래 리더십 포럼과 훈련 과정을 마련하는데, 언제나 많은 유익을 얻는다. 나는 내가 주는 것보다 더 많이 받는다.

우리는 강의와 상담을 통해 2천 명이 넘는 목회자들에게 값진 경험과 훈련을 제공할 수 있었다. 집에 돌아온 직후 나는 참가자 가운데 한 사람으로부터 편지를 받았다.

> 웨인 목사님께
>
> 이번 여름철에 다시 여행을 떠나실 계획이라는 소식을 들었습니다. 저도 목사님과 나이가 비슷합니다. 또 심신이 지칠 대로 지친 상태이지요. 다른 목회자들 가운데도 그런 사람들이 많으리라 확신합니다. 하지만 우리는 선뜻 떠날 수가 없습니다. 항상 교회에 머무르며 모든 것을 이겨 내야 하지요. 목사님이 할 수 있는 가장 최선의 일은 주말에 교회에 머무르는 것입니다. 전임 사역자로 교회에서 상당한 사례비를 받고 있기 때문이지요.

> 연은 바람을 향해서가 아니라 바람을 등졌을 때 가장 높이 날아오른다.
> _윈스턴 처칠

물론 목사님은 자신에게 여행이 중요한 이유를 여러 가지로 설명할 수 있을 것입니다. 하지만 그 점은 다른 사람들도 마찬가지겠지요. 목사님은 새 소망 교회를 이끌고 가족들과 함께 시간을 보내는 것이 목사님의 임무라고 말했 지요. 하지만 목사님은 그 두 가지를 항상 저버리고 있는 것 같군요. 그런 틈을 이용해 원수 마귀가 교회를 무너뜨릴지도 모릅니다.

전에 말한 대로 비판하는 사람들은 마치 예수님이 성경에서 언급하신 가난한 자들과 비슷하다. 그분은 '가난한 자들은 항상 너희와 함께 있을 것'이라고 말씀하셨다. 하지만 그들이 그런 상태로 살아가는 이유는 이기적이거나 악해서가 아니라 실제로 많이 부족하거나 종종 미성숙한 상태에 머물러 있기 때문이다. 목회자의 휴식을 못마땅하게 여기는 사람들의 눈치를 보고 일정을 결정할 필요는 없다. '이것으로 충분하다'라는 생각이 들 때는 언제라도 그런 심정을 솔직하게 토로하는 것도 우리의 책임이다.

휴식을 취하거나 과도한 성취욕을 불태우거나, 또는 나의 속도를 조정하거나 다른 사람의 속도에 맞춰 달리는 것은 전적으로 우리의 결정에 달려 있다.

이른 아침에 졸린 눈을 부비며 간이식당에 들어가는 사람을 상상해 보자. 그는 잠에서 깨기 위해 블랙커피를 주문한다. 종업원이 컵과 잔받침을 들고 와 그 앞에 내려놓고, 컵에 커피를 붓는다. 종업원은 '되었다면 되었다고 말씀하세요'라고 말한다. 그는 종업원의 말을 들었지

하나님과 올바른 관계를 맺기 위해서는 종종 사람들과의 갈등을 감수해야 한다.
_토저

만 아직 잠에서 온전히 깨지 못한 상태다. 종업원은 커피가 넘쳐 잔 받침에 쏟아져 내릴 때까지 계속 커피를 붓는다. 커피는 이제 잔 받침을 가득 채우고 테이블 위에까지 흘러넘친다. 마침내 뜨거운 커피가 그의 무릎에 쏟아지자 그는 깜짝 놀라 정신을 차린다. "아이쿠, 뜨거워! 무슨 짓을 하고 있는 거요?"

종업원은 그의 고함소리에 소스라치게 놀랐다. 종업원은 '죄송합니다. 그만 되었으면 되었다고 말씀하시라고 했는데……' 라고 말했다.

**사람들의 필요는 한도 끝도 없고, 그들의 기대는 무한히 크다.
다른 사람들의 기대 위에 우리 삶과
사역을 건설하려고 해서는 안 된다.**

이 비유의 요지는 다음과 같다. 사람들의 필요는 한도 끝도 없고, 그들의 기대는 무한히 크다. '그만 되었소'라고 말하지 않으면 그들은 우리를 완전히 고갈시키고 말 것이다. 그러기 전에 우리가 '그만, 됐어요'라고 말해야 한다. 이는 사람들이 탐욕스럽기 때문이 아니라 실제로 많이 부족하기 때문이다. 그들이 아무리 우리를 사랑해도 우리의 에너지 수치나 감정의 건강 상태를 점검해야 할 사람은 우리 자신뿐이다. 심신이 고갈된 상태로 지도자의 역할을 계속하면 언젠가는 피로와 스트레스로 인해 병원에 누워 교인들로부터 이런 소리를 들을 것이다. "아니, 그렇게 될 때까지 왜 자신을 돌보지 않았단 말인가?"

문제 2. 경제 문제

열정을 새롭게 하기 위해 휴식을 취한다는 것은 경제 활동을 중단한다는 것을 의미한다. 이는 많은 사람들에게 쉽게 극복하기 어려운 문제가 아닐 수 없다. 마이클 조던과 같은 백만장자가 앨라배마에서 우익수로 활동하기 위해 농구를 그만두기는 그리 어렵지 않다. 하지만 대다수의 사람들은 재충전을 위해 직업 활동을 잠시 중단할 수 있는 여유를 누릴 입장이 못 된다.

이런 점에서 새로운 곳에서 공식적으로 사역을 시작하기 직전에 안식년에 관해 미리 협상을 해 두는 것이 가장 좋다. 안식년에 관한 계약 조항을 마련해 두면 나중에 아쉬운 듯 손을 내밀어야 하는 상황을 피할 수 있다. 교회의 재정 형편이 허락한다면 안식년을 보내는 데 필요한 경비를 요청하라.

목회자가 안식년을 보내는 동안 부교역자를 고용하거나 초청 연사에게 사례금을 지불해야 할 필요성을 느낀다면 미리부터 조금씩 돈을 저축해 안식년 예산을 확보하는 것이 좋다. 교회 위원들이나 장로들에게 재충전 시간이 필요하다는 점을 잘 설명하라. 사전에 안식년에 관한 대화를 나누는 것이 바람직하다. 가능한 한 세부 사항까지 낱낱이 설명하고, 목회자가 건강한 모습으로 목회 사역에 열정을 기울이려면 휴식이 반드시 필요하다는 점을 납득시켜라.

예를 들어 이렇게 설명할 수 있겠다. "4년마다 한 번씩 3달 동안 안식년을 보낼 수 있다면 교회에 많은 유익이 있으리라 확신합니다."

안식년을 사전에 협상해 두지 않으면 심신이 완전히 고갈될 때까지 기다려야 할 가능성이 높다. 하지만 그때는 너무 늦다. 그보다는 훨씬 더 일찍부터 영혼의 건강을 챙겨야 한다.

문제 3. 지도자의 공백

"내가 안식년을 떠났을 때 누가 교회를 이끌 것인가?"

나 자신도 이 문제를 고심했다. 하지만 나는 이렇게 생각했다. "수년 동안 지도자 육성 과정을 운영하며 리더십을 가르쳐 왔고, 지도자의 자질이 있는 사람들에게 사역을 관리하고 문제를 해결하는 방법을 교육했어. 이제는 그들에게 지도자의 역할을 맡길 필요가 있어."

주위를 돌아보라. 그러면 교회 위원들 가운데서 지도자를 발견할 수 있다. 목회자가 없을 때 사역을 감독할 능력이 있는 사람들이 얼마든지 있다. 나는 지금까지 부교역자를 양성해 왔다. 나는 세 사람이 번갈아 돌아가면서 설교 말씀을 전하고, 또 특별 초청 강사가 이따금 말씀을 전하는 장치를 마련했다.

그 밖에도 여름에 6주 동안 사역을 감당해 줄 교사들과 지도자들을 양성했다. 나는 그들에게 공동체 의식을 고취하고 성도의 교제를 심화할 수 있는 사역을 준비하라고 요구했다. 그들은 돈독한 관계를 형성하고, 문제를 해결하는 방법을 가르치고, 교회의 일치를 강화시킬 수 있는 여섯 주의 사역을 일 년에 걸쳐 준비한다. 그들은 그러한 주제를 바탕으로 소그룹을 인도하고, 야유회를 떠나고, 영화를 상영하는 등,

스스로 적절하다고 생각하는 사역 프로그램을 마련한다.

6월 셋째 주에 어버이날 축하 행사를 마친 후 재충전 시간을 갖기 위해 교회를 떠난다. 그러면 사역 팀이 여섯 주 동안 마음껏 교회 사역을 주도한다. 그러는 사이 나는 다음 해의 계획을 세우고, 가족들과 함께 시간을 보내고, 또 오토바이를 타며 휴식을 취한다.

올바른 질문

"밤에 한 나의 노래를 기억하여 마음에 묵상하며 심령이 궁구하기를" 시 77:6.

안식년을 보내는 동안 목표를 뚜렷이 하려면 하나님 앞에서 삶의 문제를 깊이 숙고해야 한다. 심신의 활력을 되찾으려면 자기 성찰의 시간이 필수적이다. 자기 성찰의 시간은 단순히 내면을 살피는 시간이 아니라, 앞으로의 선택에 영향을 미칠 수 있는 질문들을 생각하는 시간이다.

하나님은 우리의 심령이 올바른 질문을 던졌을 때 상상력을 발휘하고, 내면에 장치된 메커니즘을 올바로 작동시킬 수 있게 만드셨다. 바로 그 순간이 문제 해결이 창의적으로 이루어지는 때다. 그 순간 우리의 무의식은 삶의 딜레마를 해결하고 어그러진 균형을 회복할 수 있는 방법을 찾기 시작한다.

다윗의 경험은 심지어 우리가 잠을 자고 있을 때도 하나님이 우리의 영혼을 고무하시고 필요한 교훈을 가르치신다는 사실을 상기시켜 준다. 올바른 질문을 던지면 그때부터 우리 심령이 그 일을 궁구하기 시작한다.

> "나를 훈계하신 여호와를 송축할지라 밤마다 내 심장이 나를 교훈하도다"
> 시 16:7.

기도란 하나님 앞에서 무엇인가를 깊이 생각하는 것을 의미한다. 기도에는 단순한 간구 이상의 의미가 있다. 기도는 삶의 문제를 성령님과 상의해 이해와 통찰을 구하는 것이다.

그러려면 스스로에게 질문을 던지는 것이 반드시 필요하다. 자연스럽게 떠오르는 질문도 있고, 의도적으로 노력을 기울여 생각해야만 떠오르는 질문도 있다. 고든 맥도널드는 〈영적 성장의 길 A Resilient Life〉에서 나이를 먹어 가면서 자연적으로 떠오르는 질문을 아래와 같이 열거했다.[1]

30대

30대가 되면 삶의 문제는 결혼생활, 자녀, 각종 청구서, 주거, 성취감 등에 집중된다.

* 여러 가지 요구 사항들을 어떻게 다 처리할 수 있는가? (아이를 키우는 젊은 여성

에게 홀로 조용히 보내는 시간이 있느냐고 물으면 어이없어 하는 표정으로 우리를 바라볼 것이다.)

* 왜 나는 아무도 기쁘게 할 수 없다는 생각이 종종 드는가? 나의 꿈을 이루기 위해 얼마나 더 갈 수 있을까?

* 나의 옛 친구들은 모두 어디에 있는가? (가장 친한 친구들은 대개 20세가 되기 전에 사귀는 경우가 많다.)

* 나는 왜 좀 더 나은 사람이 되지 못했는가?

40대

40대가 되면 다음과 같은 삶의 문제들이 발생하기 시작한다.

* 어렸을 때 나는 어떤 사람이었고, 나의 인격 형성에 영향을 미친 것은 무엇인가?
* 어떤 사람들이 나보다 더 잘하는 것처럼 보이는 이유는 무엇일까?
* 다른 사람들과 나 자신에게 이토록 실망을 느끼는 이유는 무엇일까?
* 나의 역량보다 한계가 더 크게 보이는 이유는 무엇일까?
* 나는 무엇인가를 기여하고 있는가? 나는 변화를 만들어 내고 있는가?

50대

50대가 되면 여러 가지 상황이 바뀐다. 몸도 예전처럼 강건하지 않고, 젊고 재능이 더 많은 사람이 도처에서 두각을 나타나는 것을 보면 가지고 있는 것을 끝까지 지키려고 안간힘을 쓰게 된다. 50대는 더욱

더 보수적으로 변하고, 위험한 모험을 즐기려고 하지 않는다. 50대가 직면하는 삶의 문제들은 다음과 같다.

* 시간은 왜 이토록 빨리 흘러갈까?
* 내가 원하는 일을 모두 할 수 있는 시간이 부족한 이유는 무엇일까?
* 왜 나의 몸은 이토록 무기력한 것일까?
* 나의 실패와 성공을 어떻게 생각해야 할까?
* 결혼생활의 변화에 대해 아내와 나는 어떻게 대처해야 할까?
* 젊은 사람들이 내 자리를 차지하고 싶어 하는 것처럼 보이는 이유는 무엇일까?
* 은퇴 자금을 충분히 마련할 수 있을까?
* 나의 두려움을 극복하려면 어떻게 해야 할까?

60대

60대가 되면 삶의 문제가 과거를 정리하고 미래를 준비하는 데 집중된다.

* 지금까지 나의 존재를 규정지어온 일들을 언제 중단해야 할까?
* 내가 불필요한 존재라는 생각에 얽매이지 않고 삶의 속도를 늦추려면 어떻게 해야 할까?
* 많은 사람이 나를 무시하는 듯한 생각이 드는 이유는 무엇일까?

* 내가 남길 영적 유산은 무엇인가?

* 아직도 나는 무엇을 성취할 수 있을까?

* 노년에는 어떤 생각일 들까? 나는 노년을 맞이할 준비가 되었을까?

70대와 80대

인생의 마지막 때에 이르면 삶의 문제는 남겨 줄 유산과 영원한 삶에 집중된다.

* 내가 전에 어떤 사람이었는지 알아줄 사람이 있을까?

* 나는 아직 나의 삶을 얼마큼 통제할 수 있을까?

* 다른 사람들에게 통제를 맡겨야 할까?

* 나는 무엇을 기여할 수 있을까?

* 하나님은 진정 나를 위해 존재하시는가?

* 나는 죽음을 맞이할 준비가 되었는가?

* 내가 세상을 떠나고 며칠이 지난 뒤에도 나를 그리워해 줄 사람이 있을까?

올바른 준비

안식년을 보내는 이유는 대개 재평가의 필요성 때문이다. 우리는 내면의 고통을 느끼고 나서야 비로소 재평가의 필요성을 느끼는 경우가 많다. 올바른 질문을 미리 준비하지 않으면 마음이 낙심한 상태에서 스스로를 더욱 궁지에 몰아넣는 질문들을 던지기 쉽상이다. 아무리 힘들어도 그런 일이 있어서는 안 된다. 우리 자신의 상황을 더욱 악화시키는 질문 몇 가지를 예로 들면 다음과 같다.

1. 왜 하나님은 나에게 이런 시련을 겪게 하실까?
2. 왜 하나님은 나의 고통을 없애주지 않으실까?
3. 당장 은퇴할 수 있는 자금이 충분한가?
4. 내가 할 수 있는 다른 직업은 무엇일까?
5. 결혼생활에도 휴식이 필요해. 하나님이 다른 배우자를 준비하고 계실까?

이런 질문들은 생각을 현혹해 우리를 더욱더 궁지로 몰아넣는다. 자충수를 유도하는 이런 질문들을 던져서는 안 된다. 이런 질문들은 생각하면 할수록 더욱더 그럴듯해 보이기 때문에 우울증과 패배감을 자극한다. 솔로몬은 전도서 5장 2절에서 질문을 선택할 때 신중을 기하라고 조언했다.

> "너는 하나님 앞에서 함부로 입을 열지 말며 급한 마음으로 말을 내지 말라 하나님은 하늘에 계시고 너는 땅에 있음이니라 그런즉 마땅히 말을 적게 할 것이라."

하나님은 질문을 던지는 것을 막지 않으신다. 단지 우리의 관점을 흐리게 하고, 그분 앞에 나가 도움을 구하기도 전에 우리를 낙심에 빠뜨리는 그릇된 질문을 던지는 것을 금하실 뿐이다.

재평가 시간에 던져야 할 질문들

1. 무엇이 하나님이 나에게 주신 본래 소명이었나? 시간을 두고 가능한 한 충분히 생각하라. 소명을 구성하는 주요 요소를 하나씩 종이에 적어 보라. 사는 동안 그런 요소들이 얼마나 변했는가? 지금도 여전히 유효한가? 어떤 부분이 어떻게 변했는가? 본래 소명을 회복하려면 자신에게 어떤 변화가 필요한가?

2. 내가 행하는 활동 가운데 가장 좋아하는 것이 무엇인가? 자신이 좋아하는 활동을 목록으로 만들어라. 이 문제를 다룰 때는 솔직해야 한다. 다른 사람들이 기대를 걸고 있기 때문에 할 수밖에 없다고 생각하는 활동들은 배제하라. 자신이 바라고 꿈꾸는 일들을 적어 보라.

3. 어떤 활동들과 어떤 사람들이 나의 연료통을 고갈시키는가? 자신의 심신을 고갈시키는 일들과 사람들을 적어 보라. 지도자의 임무를 맡은 사람은 불필요하게 심신을 고갈시키는 요인들을 제거하는 방법을 고안함으로써 초창기의 에너지 수치를 회복하기 위해 노력하라.

4. 오늘 7백만 달러를 가지고 은퇴한다면 무엇을 하고 싶은가? 이런 경우는 소수에게만 현실일 뿐, 대다수에게는 현실과 무관한 공상에 지나지 않는다. 아무튼 우리가 돈 많은 부자라면 그러한 여유를 우리의 재능을 펼치고 그리스도의 이름으로 인류를 위해 공헌하는 일에 사용해야 마

> 한쪽 문이 닫히면 다른 쪽 문이 열린다. 하지만 우리는 닫힌 한쪽 문만을
> 너무 오랫동안 아쉬워하는 탓에 다른 쪽 문이 열려 있다는 사실을 의식하지 못한다.
> _알렉산더 그레이엄 벨

땅하다. 본인에게 그런 기회가 주어진다면 무엇을 하고 싶은가? 매일 아침 본인을 의욕적으로 잠에서 깨어나게 만드는 것은 무엇인가? 날마다 어떤 삶을 살고 싶은가? 놀고 즐기는 것이 아니라 하나님의 목적에 이바지하는 문제와 관련해 본인이 이상적으로 생각하는 삶은 무엇인가? 어떤 일을 하면 하루하루가 성탄절과 같은 날이 되겠는가? 이런 질문들에 대답할 때 주의할 점 몇 가지를 열거하면 다음과 같다.

* 전심전력을 다해 할 수 없는 일은 생각하지 말라.
* 열심히 기쁨으로 하지 못할 일은 생각하지 말라.
* 그런 일들을 생각할 때는 반드시 가장 중요한 관계들, 곧 하나님, 배우자, 가족, 교회, 공동체와의 관계를 고려하라.

   심신을 충만하게 할 수 있는 일, 세상을 떠나 예수님 앞에 갈 때까지 즐겁게 행할 수 있는 일은 무엇일까? 은퇴할 때까지 기다리지 말고 앞으로 5년 동안 천천히 여유를 가지고 그런 일과 중요한 관계의 비중을 점차 늘려 가면서 지금부터라도 체계적으로 계획을 세워 차근차근 실천에 옮겨라.

  5. 무엇이 심신의 고갈을 부추기는가? 심신 쇠약의 원인으로 생각되는 것을 적어보라.

  6. 본인이 더 이상 할 수 없는데도 여전히 붙들고 있는 일이 있다면 무엇인가? 다른 사람들에게 즉시 위임해야 할 일이나 활동은 무엇인가? 차례로

> 많은 사람이 인생의 실패를 경험하는 이유는 포기하는 그때가
> 성공에 가장 가까이 이른 때라는 것을 모르기 때문이다.
> _토머스 에디슨

적은 다음 한 가지씩 깊이 숙고하면서 즉각 손을 떼고 넘겨주어야 할 일이 무엇인지 결정하라. 또한 어떤 식으로 시차를 두고 일을 정리해 나갈 것인지 생각하라.

7. 즐겁게 할 수 있지만 본인의 참여 수준으로는 결코 해낼 수 없는 일이 있다면 무엇인가? 예수님은 말씀하셨다. "무릇 내게 있어 과실을 맺지 아니하는 가지는 아버지께서 이를 제해 버리시고 무릇 과실을 맺는 가지는 더 과실을 맺게 하려 하여 이를 깨끗케 하시느니라" 요 15:2.

즐겁게 할 수 있지만 우리가 꼭 하지 않아도 될 일들이 있다. 장래에 더 많은 결실을 맺으려면 그런 일을 정리하는 것이 좋다.

8. 발견한 문제들을 누구와 상의해 삶을 재조정할 수 있을까?

이들 질문은 건강의 회복과 새로운 시작을 가능하게 하는 출발점이 될 수 있다. 우리가 모든 문제를 극복하고 나면 하나님은 다시 우리를 강력한 도구로 사용하시어 우리와 똑같은 문제로 고민하는 사람들을 돕게 하실 것이다.

큰 대가를 치르고 문제를 극복하고 난 후에는 많은 지혜가 축적되기 마련이다. 그때부터는 우리 앞에 참으로 놀라운 미래가 펼쳐질 것이다.

우리는 조언자, 코치, 좀 더 은혜롭고 이해심이 많은 사람이 되어 인생에서 가장 행복한 나날들을 보낼 것이다. 자신 있게 앞으로 나아가자. 하나님의 나라가 우리를 기다린다.

맺는 말

나는 일주일 전에 캘리포니아 멘로파크에 있는 스탠퍼드 병원에서 심장 수술을 받고 몸을 회복하는 동안 이 마지막 글을 썼다. 동맥이 세 군데나 막힌 탓에 급히 하와이를 떠나 캘리포니아에서 훌륭한 외과 의사에게 수술을 받았다. 지금은 몸 상태가 훨씬 나아진 기분이다. 의욕이 다시 솟구친다.

지금까지 많은 교훈을 터득했으니 더 이상 움츠러들지 않겠다. 이제부터는 인생을 훨씬 더 진지하게 살며, 조금도 불안해하지 않을 생각이다. 그리고 더 자주 웃고, 더 많은 깨달음을 추구하고, 죄책감을 느끼지 않고 고독의 순간과 안식년을 즐길 것이다.

나는 오랜 과도기를 거치면서 많은 교훈을 배웠다. 가장 중요한 것, 곧 의도적인 삶을 살아가는 법과 희망을 품고 달려가는 법을 깨달았다. 진리에 온전히 헌신하는 것이 중요하고, 또 나 자신에게 정직해야 한다는 것도 알게 되었다.

그 밖에도 직접 하는 활동은 줄이고 코치 역할은 늘려야 한다는 점도 깨달았다. 두 사람이 나의 여정에 영향을 미쳤다. 한 사람은 밥 버포드다. 그는 내가 수술을 받은 후에 편지를 보내 유명한 기업 전략가

피터 드러커의 말을 상기시켜 주었다. "지금은 에너지를 공급하기보다 방출하고, 감독해야 할 시기입니다."

다른 한 사람은 9장에서 언급한 바 있는 톰 패터슨이다. 그는 내가 삶을 방향을 찾고 있을 때 다음과 같은 글을 보내 주었다. 그 결론을 간단히 인용하면 다음과 같다.

> 심신 쇠약이 발생하면 우리는 변태(變態)의 과정을 겪습니다. 다시 말해 우리의 본질과 성격과 외형에 변화가 일어나는 것이죠. 그러면 이전에 하던 일을 더 이상 할 수 없게 됩니다. 제가 보기에 목사님은 심신 쇠약을 겪으신 것 같습니다. 그것이 6주 동안의 회복 노력이 실효를 거두지 못한 이유입니다. 이제는 지금까지 겪어 온 경험을 바탕으로 하나님께서 목사님을 위해 준비하고 계시는 일에 남은 인생을 바쳐야 할 때입니다. 이제부터 목사님은 의욕과 열정을 가장 크게 자극하는 일에만 매진하는 새 인생을 살 것입니다.

잠재력 개발

나는 연속해서 많은 경기를 치러야 하는 축구 선수와 같은 심정이다. 이제 축구 선수로서의 활동을 중단하고 은퇴할 때가 되었다. 물론 그렇다고 해서 축구 자체를 그만둘 필요는 없다. 이제 나는 코치 역할을 해야 한다. 내가 코치로 일해야 할 상대는 지난 25년 동안 함께 사역에 동참해 온 팀이다. 이제부터는 다시 패드를 착용하고 경기장에 뛰어들려는 유혹을 극복하는 것이 나의 가장 큰 과제다.

나는 내가 진정으로 열정을 느끼는 일이 무엇이며, 남은 생애를 바쳐야 할 일이 무엇인지를 생각하는 데 많은 시간을 할애했다. 그것은 바로 가장 중요한 일들이다. 나는 늘 그런 일들을 염두에 두고 희망을 품고 달릴 생각이다.

아직 개발되지 않은 잠재력을 발견하는 것이야말로 우리에게 가장 큰 동기를 부여한다. 우리의 미래는 앞에 있지 않고 우리의 내면에 있다.

잠재력이란 될 수 있지만 아직 되지 못한 것, 할 수 있지만 아직 하지 못한 것, 갈 수 있지만 아직 가지 못한 것을 의미한다. 쓸 수 있지만 아직 쓰지 못한 책, 원했지만 아직 살지 못한 삶도 잠재력에 해당한다. 잠재력은 느리게 돌아가는 거대한 엔진과 같다. 잠재력은 아직 사용하지 않은 에너지, 아직 끌어올리지 못한 동력, 아직 발휘하지 못한 힘을 가리킨다.

잠재력이란 될 수 있지만 아직 되지 못한 것을 의미한다.

지금까지 있었던 장소에서 모든 잠재력을 다 소진했을 때는 장소를 옮겨 내면에 잠자는 잠재력을 끌어내야 할 필요가 있다. 또 경우에 따라서는 새로운 비전이나 명분을 되찾는 노력이 필요하기도 하다. 하지만 어떤 경우든 새로운 잠재력을 발견하는 것이 문제의 관건이다.

잠재력은 항상 우리의 뒤가 아니라 앞에 존재한다. 잠재력은 이미

한 일이 아니라 앞으로 할 수 있는 일을 통해 발견된다.

바울 사도가 대표적인 경우다. 그는 늙은 몸으로 감옥에 갇혀 죽음을 의식하면서도 새로운 에너지를 끌어올려 즐겁고 활력 있게 사역을 지속했다. 그는 과연 어디에 그러한 에너지를 비축해 놓았을까?

그 대답은 빌립보서 3장 12절에 있다. "오직 내가 그리스도 예수께 잡힌 바 된 그것을 잡으려고 좇아가노라."

승승장구하며 인생을 살아온 사람들도 있을 테고, 하는 일마다 실패를 경험하며 살아온 사람들도 있을 터이다. 하지만 어떤 경우가 되었든지 더 발전시킬 수 있는 일이 무엇인지, 또 앞으로 이룰 수 있는 일이 무엇인지 생각하라. 열정을 자극하며 아침이 오기를 기다리게 만드는 것이 무엇인지, 삶의 리듬과 속도를 어떻게 조정해야만 기쁨을 유지할 수 있는지 숙고하라.

그런 식으로 꿈을 꾸기 시작하면 머지않아 새로운 희망을 발견할 것이다. 희망을 발견했거든 종이에 기록한 뒤 실천에 옮겨라. 잠재력을 발굴하라. 우리의 잠재력은 거룩한 야망과 열정이 잠든 곳에 소중히 간직되어 있다.

심신 쇠약의 질곡을 거치는 동안 우리의 참 모습을 깨닫고 하나님께 복종하자. 그래야만 가장 행복한 미래를 맞이할 수 있다.

| 각주 |

추천의 글

1. 저자의 허락 아래 다음 자료에서 발췌해 개작한 내용이다. Bob Buford, *Beyond Halftime* (Grand Rapids, MI: Zondervan, 2009).

2장

1. H.B. London Jr. and Neil B. Wiseman, *Pastors at Greater Risk* (Ventura, CA: Regal Books, 2003) 20, 86, 118, 148, 172, 264.

3장

1. "Why Am I So Depressed?" Brenda Poinsett, *Discipleship Journal*, Issue #121, January/February 2001, NavPress.
2. Mother Teresa and Rev. Brian Kolodiejchuk, *Mother Teresa: Come Be My Light* (New York: Doubleday, 2007).
3. Gilbert Thomas, *William Cowper and the Eighteenth Century* (London: Ivor Nicholson and Watson Ltd., 1935), 131-32.
4. www.stempublishing.com/hymns/biographies/cowper.html
5. *The Minister's Fainting Fits*, Charles Spurgeon, Lecture XL. www.the-highway.com/articleSept99.html
6. Dr. Darrel W. Amundsen, "The Anguish and Agonies of Charles Haddon Spurgeon," Christian History, Issue #29, 1991.
7. ibid.
8. ibid.
9. *The Writing of Abraham Lincoln, Volume 1*, Abraham Lincoln research site, http://www.att.net/-rjnorton/Lincoln84.html

8장

1. 다음 자료에서 인용했다. Christine and Tom Sine, *Living on Purpose: Finding God's Best for Your Life* (Grand Rapids, MI: Baker Books, 2002), 17.

11장

1. Gordon MacDonald, *A Resilient Life* (Nashville, TN: Thomas Nelson, Inc, 2004), 53-58.

| 부록 |

앞으로의 대안을 찾는 데 유익한 책들

1. *Going on Retreat: A Beginner's Guide to the Christian Retreat Experience*, Margaret Silf, September 2002.
2. *A Place for God: A Guide to Spiritual Retreats and Retreat Centers*, Timothy Jones, February 2000.
3. *Handbook for Great Camps and Retreats*, Chap Clark, May 2004.
4. *US and Worldwide Guide to Retreat Center Guest Houses*, John and Mary Jensen, June 1997. (Out of print, limited supply)
5. *Catholic America: Self-Renewal Centers and Retreats*, Patricia Christian-Meyer, January 1993. (Out of print, limited supply)
6. *Traveler's Guide to Healing Centers and Retreats in North America*, Martine Rudee, April 1989. (Out of print, limited supply)

생명의말씀사

사 | 명 | 선 | 언 | 문

너희가 흠이 없고 순전하여……세상에서 그들 가운데 빛들로
나타내며 생명의 말씀을 밝혀 (빌 2:15-16)

1. 생명을 담겠습니다.
만드는 책에 주님 주신 생명을 담겠습니다.
그 책으로 복음을 선포하겠습니다.

2. 말씀을 밝히겠습니다.
생명의 근본은 말씀입니다.
말씀을 밝혀 성도와 교회의 성장을 돕겠습니다.

3. 빛이 되겠습니다.
시대와 영혼의 어두움을 밝혀 주님 앞으로 이끄는
빛이 되는 책을 만들겠습니다.

4. 순전히 행하겠습니다.
책을 만들고 전하는 일과 경영하는 일에 부끄러움이 없는
정직함으로 행하겠습니다.

5. 끝까지 전파하겠습니다.
모든 사람에게, 땅 끝까지, 주님 오시는 그날까지
복음을 전하는 사명을 다하겠습니다.

생명의말씀사 서점안내

광화문점 110-061 종로구 신문로 1가 58-1 구세군 회관 2층
　　　　　TEL. (02) 737-2288 / FAX. (02) 737-4623

강 남 점 137-909 서초구 잠원동 75-19 반포쇼핑타운 3동 2층 전관
　　　　　TEL. (02) 595-1211 / FAX. (02) 595-3549

구 로 점 152-880 구로구 구로 3동 1123-1　3층
　　　　　TEL. (02) 858-8744 / FAX. (02) 838-0653

노 원 점 139-200 노원구 상계동 749-4 삼봉빌딩 지하1층
　　　　　TEL. (02) 938-7979 / FAX. (02) 3391-6169

분 당 점 463-824 경기도 성남시 분당구 서현동 269-5 서원프라자 서현문고 서관 4층
　　　　　TEL. (031) 707-5566 / FAX. (031) 707-4999

신 촌 점 121-806 마포구 노고산동 107-1 동인빌딩 8층
　　　　　TEL. (02) 702-1411 / FAX. (02) 702-1131

일 산 점 411-370 경기도 고양시 일산구 주엽동 83번지 레이크타운 지하 1층
　　　　　TEL. (031) 916-8787 / FAX. (031) 916-8788

의정부점 484-010 경기도 의정부시 금오동 470-4 성산타워 3층
　　　　　TEL. (031) 845-0600 / FAX. (031) 852-6930

파 주 점 413-012 경기도 파주시 금촌 2동 68번지 송운빌딩 2층
　　　　　TEL. (031) 943-6465 / FAX. (031) 949-6690

인터넷서점

http://www.lifebook.co.kr